KB267525

일상을 단단하게 만드는

데일 카네기 필사

일상을 단단하게 만드는

데일 카네기 필사

김동곤 지음

Dale Carnegie's
Great Quotes to Strengthen
Everyday Life

**시대를 초월한 데일 카네기의
명문장과 작은 에세이**

영어도 배우고, 삶에 대한 통찰과 위로를 주는 일석이조 필사책

나비의 활주로

인생 영어 수업

영어를 가르치기 시작한 지 올해로 20년이 되었습니다.

처음엔 그저 생활비를 벌기 위해 시작한 과외 알바였는데,

이제는 제 삶의 중심이 되어버렸네요.

그동안 정말 많은 학생을 만났습니다.

영어라는 매개체 덕분에

서로 다른 삶을 살던 사람들이 만나 대화를 나눴고,

그러다 보니 자연스럽게 영어 수업은 인생 이야기로 흘러가곤 했습니다.

영어 이야기도 많이 했지만,

더 많이 한 건 살아가는 이야기였던 것 같아요.

언제부턴가 이런 생각이 들었습니다.

'이 이야기들, 나만 알고 있기엔 너무 아깝다.'

웃기고, 따뜻하고, 때로는 함께 눈물 흘리는 이야기들이 참 많았습니다.

언젠가 그 이야기들을 모아 책을 써보고 싶다는 마음이 생겼습니다.

그러던 중, 우연히 책장에서 데일 카네기의 원서를 꺼내게 됐습니다.

산 지는 10년도 더 됐는데,

그날따라 꼭 읽어야겠다는 생각이 들었습니다.

펼쳐보니 역시나, 시대를 초월한 문장들이 가득했습니다.

이 명언들을 가지고 영어 공부를 하면 참 좋겠다는 생각이 들었습니다.

인용구로 영어도 배우고, 삶에 대한 통찰도 얻으면 일석이조니까요.

때마침 출판사로부터 연락이 왔습니다.

인용구를 활용한 영어책을 써보지 않겠냐는 제안을 받았고,

망설임 없이 "데일 카네기 명언에

제 이야기를 얹어보면 어떨까요" 하고 답했습니다.

그렇게, 오래전부터 꿈꿔왔던 책을 쓰게 되었습니다.

이 책에는 영어 표현도 담겨 있지만,

그보다 더 많은 이야기가 담겨 있습니다.

꿈을 향해 치열하게 달렸던 제 삶과 가족, 친구, 학생들의 삶,

그리고 그 속에서 제가 배운 것들.

그 이야기들이 누군가에게는 영어 공부의 동기가 되고,

또 누군가에게는 마음을 어루만지는 문장이 되면 좋겠습니다.

이 책을 읽는 당신에게도 그런 문장이 하나쯤 남았으면 합니다.

영어 한 문장을 배워가면서,

인생에 작은 위로도 얻어가시길 바랍니다.

책의 구성 및 활용법

구성

명언(Quote)

데일 카네기의 저서에서 뽑은 명언으로, 영어 원문과 한국어 번역을 함께 실었습니다.

핵심 표현(Expression)

명언 속 핵심 패턴을 알아보고, 간단한 예문으로 연습합니다.

개인적 경험담(Story)

실제 경험담을 통해 명언과 삶을 연결하는 이야기를 전합니다.

생각 질문(Question)

독자가 스스로에게 던질 성찰의 질문을 담았습니다.

활용법

명언(Quote)

1. 명언을 소리 내어 2~3번 읽습니다. (발음·억양은 완벽하지 않아도 괜찮습니다.)

2. 한국어 번역을 확인하며, 문장 속 메시지와 감정을 느껴봅니다.

3. 다시 영어 원문을 읽으며, 한국어 의미와 연결해봅니다.

핵심 표현(Expression)

1. 본문에서 뽑은 표현을 눈으로 읽고, 뜻을 확인합니다.

2. 제공된 예문을 소리 내어 2~3번 따라 말합니다.

3. 나만의 문장까지 직접 만들어 말해봅니다.

개인적 경험담(Story)

1. 짧은 에세이를 읽으며, 명언이 어떻게 삶과 연결되는지 관찰합니다.

2. 공감되는 부분이나 마음에 남는 부분에 밑줄을 긋습니다.

3. '나도 이런 경험이 있었나?' 하고 떠올려 봅니다.

생각 질문(Question)

1. 제시된 질문을 천천히 읽습니다.

2. 길게 답하지 않아도 괜찮습니다. 단 한 줄이라도 나의 생각을 꼭 적어봅니다.

3. 영어로 짧게 적어도 좋고, 한국어로 자세히 적어도 좋습니다.

CHAPTER 1   내 안의 성장

CHAPTER 2

마음을 잇는 기술

CHAPTER 3 — 스피치 인사이트

Dale Carnegie's
Great Quotes to Strengthen
Everyday Life

내 안의 성장

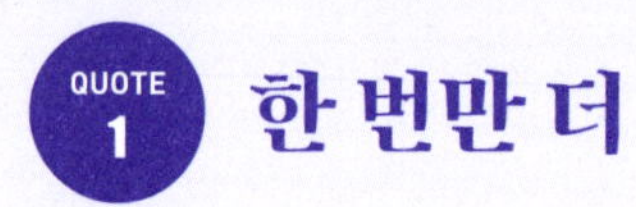

한 번만 더

Most of the important things in the world have been accomplished by people who have kept on trying when there seemed to be no hope at all.

세상의 중요한 일들 대부분은 아무런 희망이 보이지 않을 때도 계속 도전했던 사람들에 의해 이루어졌다.

The project was accomplished by the team.
그 프로젝트는 팀에 의해 완수되었어요.

True success is accomplished by consistent effort.
진정한 성공은 꾸준한 노력에 의해 이루어집니다.

배우의 꿈을 안고 수많은 영화 오디션을 보러 다닌 적이 있습니다.

한번은 너무나도 참여하고 싶은 영화의 단역 배우 오디션이 있어서 지원했습니다. 최선을 다했지만 심사위원들 표정은 떨떠름했습니다. 그런데 순간 "한 번만 더 해볼게요!"라는 말이 입에서 툭 튀어나왔습니다. 저도 놀랐고, 심사위원들도 같이 놀랐습니다. 너무 질척거렸나 싶어서 살짝 후회도 들더라고요. 그렇게 절절한 오디션을 마치고, 며칠 뒤 깜짝 놀랄 만한 소식을 들었습니다. 단역이 아닌 주연으로 캐스팅이 되었다는 겁니다. 나중에 감독님이 그러시더군요. 그날 한 번 더 기회를 달라고 한 사람은 동곤 씨뿐이었어요. 계속 도전했더니 정말 기회가 열렸습니다.

Q 포기하고 싶은 상황에서 한 번 더 시도해 본 적이 있나요?
그 결과는 어땠나요?

무명 배우의 꿈

The person who goes furthest is generally the one who is
willing to do and dare.

The person who goes furthest is generally the one who is

willing to do and dare.

가장 멀리 가는 사람은 대개 감히 도전하고 행동하려는 의지가
있는 사람이다.

가장 멀리 가는 사람은 대개 감히 도전하고 행동하려는 의지가

있는 사람이다.

I'm willing to take risks to grow.
저는 성장하기 위해 기꺼이 위험을 감수할 겁니다.

She was willing to start from the bottom.
그녀는 기꺼이 바닥부터 시작할 의지가 있었습니다.

한 무명 배우에게 영어를 가르친 적이 있습니다.

향후 할리우드 진출까지 꿈꾸고 있어서 미리 영어를 준비하고 싶다는 겁니다. 솔직히 좀 이상하다는 생각이 들었습니다. 아직 국내에서도 못 알아보는 사람이 많은데 뭘 벌써 할리우드까지 생각하나 싶었습니다. 그래도 그는 무쇠처럼 꾸준히 여러 역할에 도전하며 활동을 이어갔고, 몇 년 후엔 주연급으로 성장하더니 지금은 한국 영화계를 이끌어갈 차세대 배우로 주목 받고 있습니다. 남들이 뭐라 생각하든 신경 쓰지 않고, 본인의 꿈을 위해 도전하고 행동하며 정상의 자리까지 올라간 그의 모습을 보며 함부로 판단했던 저 자신이 부끄러웠습니다.

Q 당신이 과감하게 도전하지 못하는 가장 큰 이유는 무엇인가요?

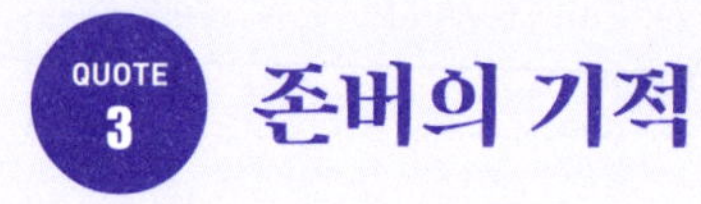

존버의 기적

Patience and perseverance will accomplish more in this world than a brilliant dash. Remember that when something goes wrong.

Patience and perseverance will accomplish more in this

world than a brilliant dash. Remember that when something

goes wrong.

인내와 끈기는 세상의 어떤 번뜩이는 행동보다 더 많은 것을 이룬다. 무언가 잘못되었을 때 이 점을 기억하라.

인내와 끈기는 세상의 어떤 번뜩이는 행동보다 더 많은 것을 이

룬다. 무언가 잘못되었을 때 이 점을 기억하라.

Something went wrong with the printer.
프린터에 뭔가 이상이 생겼어요.

Their relationship went wrong after the argument.
그 언쟁 이후에 그들의 관계가 안 좋아졌어요.

딱 100개만 만들어 보자는 목표로 처음 유튜브를 시작했습니다.

하지만 현실은 생각보다 차가웠습니다. 이대로 멈추기에는 너무 아까워서 200개까지 만들어 보기로 했습니다. 역시 큰 변화는 없었습니다. 그래서 300개, 400개, 500개… 점점 힘이 빠지기 시작했습니다. 이제 현실을 받아들이고 그만해야 하나 하는 생각이 들 때쯤 갑자기 조회수가 터지기 시작했습니다. 떠돌이 영어 강사였던 저에게 대형 출판사와 교육 회사에서 협업 요청이 들어오는 꿈같은 일들이 벌어지기 시작했습니다. 인내와 끈기는 결코 배신하지 않았습니다.

Q 당신이 지금 포기하고 싶은 일에서, 한 번만 더 버틸 이유가 있나요?

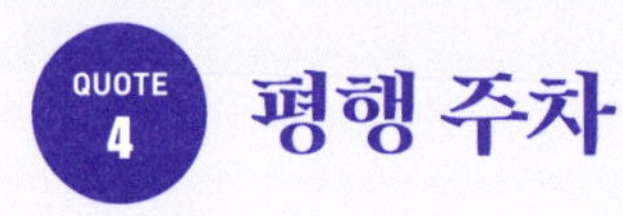

평행 주차

Do the thing you fear to do and keep on doing it… that is the quickest and surest way ever yet discovered to conquer fear.

Do the thing you fear to do and keep on doing it… that is

the quickest and surest way ever yet discovered to conquer

fear.

두려운 일을 하라. 그리고 계속하라. 그것이 두려움을 극복하는 가장 빠르고 확실한 방법이다.

두려운 일을 하라. 그리고 계속하라. 그것이 두려움을 극복하는

가장 빠르고 확실한 방법이다.

keep on –ing 계속해서 ~하다

If you keep on speaking English, you'll improve faster.
계속 영어로 말하면 더 빨리 늘 거예요.

She kept on knocking until someone opened the door.
누군가 문을 열 때까지 그녀는 계속 두드렸어요.

운전을 한 지 10년이 넘었지만 주차는 여전히 쉽지 않습니다.

얼마 전에 아이를 어린이집에 차로 등원시키는데 길이 좁아서 평행 주차를 해야만 했습니다. 다들 아시겠지만 주차 중에 평행 주차가 가장 까다롭습니다. 여섯 번이나 차를 넣었다 뺐다 하면서 겨우 주차를 했습니다. 다음날에 또 평행 주차를 했는데 그때는 다섯 번 만에 성공했습니다. 그렇게 며칠 동안 계속했더니 자신감이 생겨서 요즘은 두세 번 만에 쉽게 성공합니다. 역시 두려움을 이겨내는 가장 빠른 방법은 계속 두드려보는 '정면승부'였습니다.

Q 과거에 두려움을 '정면승부'로 극복했던 경험이 있나요?

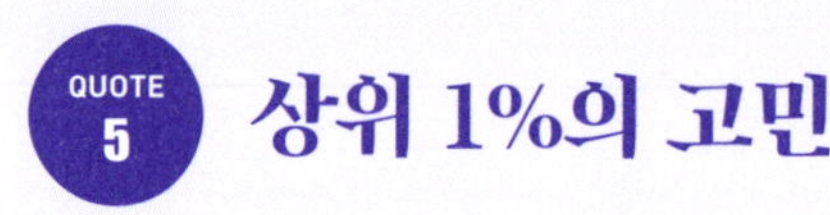

상위 1%의 고민

The secret of being miserable is to have the leisure to bother about whether you are happy or not.

The secret of being miserable is to have the leisure to

bother about whether you are happy or not.

비참해지는 비결은 자신이 행복한지 아닌지 끊임없이 고민할 한가함을 갖는 것이다.

비참해지는 비결은 자신이 행복한지 아닌지 끊임없이 고민할

한가함을 갖는 것이다.

She finally had the leisure to read novels again.
그녀는 마침내 소설을 읽을 여유가 생겼다.

He never has the leisure to spend time with his kids.
그는 아이들과 시간을 보낼 여유가 전혀 없어요.

학생 중에 상위 1% 안에 드는 분이 있었습니다.

일 안 해도 평생 먹고 살 수 있을 정도로 부유하신 분입니다. 그런데 항상 행복하게 살 것만 같은 분한테도 고민이 하나 있었습니다. "아무 일도 안 하고 있으니까, 이 세상에 쓸모 없는 사람 같아요." 처음에는 이게 무슨 배부른 투정인가라는 생각이 들었습니다. 그런데 카네기의 말처럼 행복에 대해 고민할 한가함을 갖는 것이 오히려 비참해질 수도 있다는 것이 바로 이런 상황인가 싶었습니다. 바쁘게 사는 것도 나쁘지 않은 것 같습니다.

Q 당신은 바쁠 때와 한가할 때 중, 어느 때 더 삶의 만족감을 느끼나요?

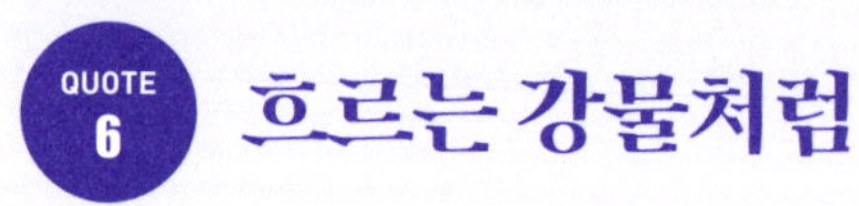

흐르는 강물처럼

You cannot step in the same river twice. The river changes every second; and so does the man who stepped in it. Life is a ceaseless change.

You cannot step in the same river twice. The river changes every second; and so does the man who stepped in it. Life is a ceaseless change.

당신은 같은 강물에 두 번 발을 담글 수 없습니다. 강물은 매 순간 변하고 있고, 그 강물에 발을 담근 사람도 그렇습니다. 인생은 끊임없는 변화입니다.

당신은 같은 강물에 두 번 발을 담글 수 없습니다. 강물은 매 순간 변하고 있고, 그 강물에 발을 담근 사람도 그렇습니다. 인생은 끊임없는 변화입니다.

She had to step in when the manager suddenly quit.
매니저가 갑자기 그만두는 바람에 그녀가 대신 개입해야 했다.

Don't worry, I'll step in if things go wrong.
걱정하지 마. 일이 잘못되면 내가 나설게.

수입이 불안정한 과외 수업을 접고, 안정적인 월급을 받는 어학원에 취업하게 되어 너무 기뻤습니다. 하지만 기쁨도 잠시. 경영 악화로 3년 만에 학원은 문을 닫았고, 부랴부랴 다른 학원으로 옮기게 되었습니다. 얼마 후 이번에는 코로나가 터졌고, 수강생들은 기하급수적으로 줄어들었습니다. 수많은 강사가 일자리를 잃고 다른 일을 찾았습니다. 하지만 저를 포함한 일부 강사들은 코로나의 영향을 덜 받는 온라인 강의 시장으로 넘어와서 강의를 계속 이어 나갔습니다. 강물처럼 끊임없이 흘러가는 세상에서 변화를 두려워하지 않고 그 안으로 발을 들여서 새로운 흐름을 만들어 내는 것이 '인생'인가 봅니다.

Q 예상치 못한 변화를 기회로 바꾼 경험이 있나요?

 **500만 원**

To be wronged is nothing, unless you continue to remember it.

To be wronged is nothing, unless you continue to remember it.

부당한 일을 당하는 것은 아무것도 아니다. 계속 그것을 기억하지 않는다면 말이다.

부당한 일을 당하는 것은 아무것도 아니다. 계속 그것을 기억하지 않는다면 말이다.

I was wronged by someone I trusted.
저는 믿었던 사람에게 배신당했어요.

She felt deeply wronged by the unfair decision.
그녀는 그 부당한 결정에 깊이 상처받고 억울해했어요.

"너무 급해서 그러는데 500만 원만 빌려 줄 수 있을까?"

어느 날 친한 친구에게서 다급한 연락이 왔습니다. 처지를 외면할 수 없어서 인생 처음으로 마이너스 통장까지 만들어서 그 돈을 빌려줬습니다. 하지만 그 후로 10년 동안 돌아온 건 상황이 나아지면 바로 갚겠다는 말뿐이었습니다. 시간이 흐를수록 억울한 마음은 점점 더 커졌고, 우울과 분노로 이어졌습니다. 그러다 어느 순간, 그 500을 놓아주기로 했습니다. 그 500만 원 때문에 시달렸던 10년간의 마음고생이 500만 원 보다 훨씬 더 컸거든요. 10년 동안 낑낑거리며 들고 있던 500킬로그램짜리 역기를 바닥에 내려놓으니, 몸과 마음이 홀가분해졌습니다.

Q 당신의 억울함이나 분노를 붙잡고 있는 일이 있나요? 그리고 그 기억을 놓아준다면 당신의 일상은 어떻게 달라질까요?

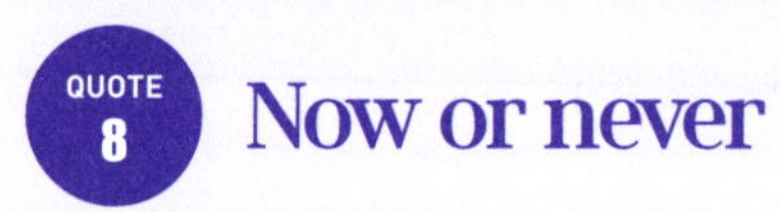

One of the most tragic things I know about human nature is that all of us tend to put off living.

One of the most tragic things I know about human nature is

that all of us tend to put off living.

인간 본성에 대한 가장 비극적인 점 중 하나는, 우리가 삶을 미루며 살아간다는 것이다.

인간 본성에 대한 가장 비극적인 점 중 하나는, 우리가 삶을 미루며 살아간다는 것이다.

put off ~을 미루다

Can we put off the meeting until tomorrow?
우리 회의를 내일로 미뤄도 될까요?

Don't put off your homework until the last minute.
숙제를 막판까지 미루지 마세요.

"졸피뎀이 제일 효과 좋더라고요."

10년째 불면증으로 고생하는 학생이 있었습니다. 자 보려고 베개도 바꿔보고, 운동도 해보고 이것저것 다 해봤는데 그중에 졸피템(수면제의 일종)이 가장 좋더라며 씁쓸한 농담을 던졌습니다. 대학 때까지만 해도 잘 잤는데, 회사 생활 시작하면서 과중한 업무, 실적 압박, 인간관계 등으로 스트레스가 극에 달하면서 잠을 편하게 잘 수 없었다고 합니다. 행복한 미래를 위해 '지금'은 참고 '나중'을 위해 쉴새 없이 달려왔을 뿐인데 남은 건, 불면증, 우울증, 공황장애였습니다. 살아가는 게 아니라, 버티는 게 익숙해진 우리. 이제는 더 이상 '나중'을 위해 '오늘'을 미루지 않았으면 좋겠습니다.

Q 미래를 준비하는 것과 현재를 사는 것 사이에서 당신은 어떻게 균형을 잡고 있나요?

____

____

____

____

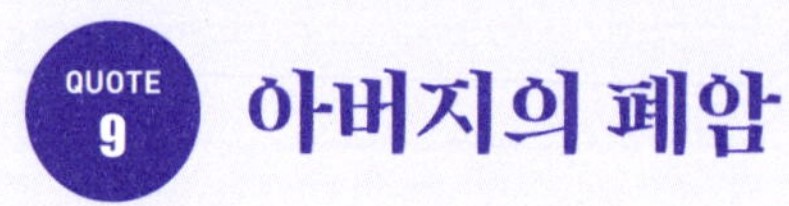

아버지의 폐암

If a man will devote his time to securing facts in an impartial, objective way, his worries will usually evaporate in the light of knowledge.

If a man will devote his time to securing facts in an impartial, objective way, his worries will usually evaporate in the light of knowledge.

어떤 사람이 시간을 들여 공정하고 객관적으로 사실을 알아내려 한다면, 걱정은 대개 지식의 빛 속에서 사라진다.

어떤 사람이 시간을 들여 공정하고 객관적으로 사실을 알아내려 한다면, 걱정은 대개 지식의 빛 속에서 사라진다.

She devoted her life to helping the poor.
그녀는 가난한 사람들을 돕는 데 자신의 인생을 바쳤다.

He devotes a lot of time to studying English every day.
그는 매일 영어 공부에 많은 시간을 쏟는다.

결혼식 석 달 전, 아버지가 갑자기 폐암 3기 진단을 받았습니다.

결혼 준비 때문에 정신이 없었는데, 갑작스러운 아버지의 암 진단 소식에 제 머릿속이 하얘졌습니다. 가만히 넋 놓고 있을 수는 없어서 일단 관련 정보를 직접 찾아보기로 했습니다. 암 치료와 관련된 각종 사이트와 암 환자 커뮤니티 등을 찾아다니며 치료 시스템, 치료 방법, 예후 등을 며칠 동안 꼼꼼하게 알아봤습니다. 다행히 요즘은 의학 기술이 많이 발전해서 아버지의 상태는 수술로 충분히 치료가 가능한 단계라는 것을 알게 되었고, 그제야 불안했던 마음이 조금 놓였습니다. 모름이 걱정이었고, 지식이 그 걱정을 없애주었습니다.

Q 지금 가장 걱정되는 일에 대해, 어떤 정보를 먼저 찾아야 할까요?

돌발성 난청

Those who do not know how to fight worry die young.

Those who do not know how to fight worry die young.

___

___

___

___

걱정과 싸우는 법을 모르는 사람은 일찍 죽는다.

걱정과 싸우는 법을 모르는 사람은 일찍 죽는다.

___

___

___

___

I know how to cook simple Korean dishes.
나는 간단한 한식 요리를 할 줄 안다.

Do you know how to fix a flat tire?
너 펑크 난 타이어 고치는 법 알아?

항상 밝게 웃고, 긍정적으로 보였던 한 직장인 학생이 갑자기 귀가 잘 안 들리는 증상이 생겨서 병원에 갔더니 '돌발성 난청'이라는 진단을 받았다고 합니다. 평소 과중한 업무와 대인관계 문제로 걱정이 많았지만, 대부분 아무렇지 않게 웃어넘기면서 감정을 눌러왔던 겁니다. 하지만 마음은 속일 수 있어도, 몸은 속일 수 없었습니다. 제대로 해소하지 않고 그대로 방치한 걱정은 그녀의 몸을 서서히 망가뜨리고 있었습니다.

Q 당신은 평소 걱정과 스트레스를 어떻게 해소하나요?

____

____

____

____

첫 실기시험

One of the worst features about worrying is that it destroys our ability to concentrate.

One of the worst features about worrying is that it destroys

our ability to concentrate.

격정의 가장 나쁜 점 중 하나는 우리의 집중력을 파괴한다는 것이다.

격정의 가장 나쁜 점 중 하나는 우리의 집중력을 파괴한다는 것

이다.

You need to concentrate on your work.
당신은 일에 집중할 필요가 있어요.

It's hard to concentrate when you're tired and hungry.
피곤하고 배고플 땐 집중하기가 힘들어요.

배우가 되고 싶어서 연극영화과를 준비했습니다.

매일 연습실에 나가서 같은 대사를 수천 번씩 반복 연습하며 꼬박 1년을 준비했습니다. 드디어 실기시험 날이 다가왔고, 대기실에서 기다리는 동안 온갖 걱정이 머릿속을 꽉 채우기 시작했습니다. 이윽고 시험장에 들어가는 순간, 그렇게 많이 되뇌었던 대사들이 거짓말처럼 하나도 떠오르지 않았습니다. 시작 신호가 울리고 연기를 바로 시작해야 하는데 아무 말도 못 하고 그대로 얼어버렸습니다. 다행히 뒤늦게 떠올라 부랴부랴 대사를 뱉기 시작했지만, 이미 멘탈이 무너진 상태라 도저히 연기에 집중할 수 없었습니다. 그렇게 첫 시험은 시원하게 떨어졌고, 과한 걱정이 집중력을 얼마나 파괴할 수 있는지 절실히 깨달았습니다.

Q 지금 당신의 집중을 방해하는 가장 큰 걱정거리는 무엇인가요?

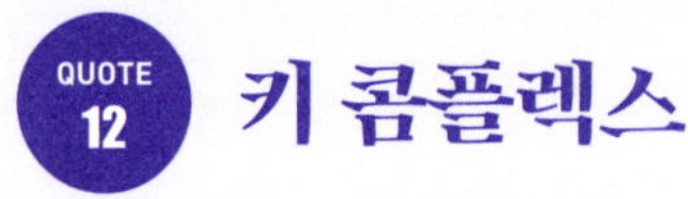

키 콤플렉스

For every ailment under the sun, there is a remedy, or there is none;
If there be one, try to find it; if there be none, never mind it.

For every ailment under the sun, there is a remedy, or there
is none;
If there be one, try to find it; if there be none, never mind it.

세상 모든 병에는 치료법이 있거나 없거나 둘 중 하나다. 치료법이 있다면 찾아내고, 없다면 잊어버려라.

세상 모든 병에는 치료법이 있거나 없거나 둘 중 하나다. 치료법이 있다면 찾아내고, 없다면 잊어버려라.

She tried every diet under the sun.
세상에 있는 모든 다이어트를 다 해봤어요.

I think this is the best pizza under the sun.
이건 세상에서 제일 맛있는 피자라고 생각해요.

어릴 때부터 키 큰 친구들이 항상 부러웠습니다. 그리고 그 부러움은 언제부턴가 열등감으로 변질이 되었습니다. 좋은 기회를 놓치거나, 소개팅에 실패했을 때 항상 키가 크지 않아서 실패한 게 아닐까 생각하며 자책하곤 했습니다. 참 바보 같았습니다. 부족한 실력은 노력으로 극복할 수 있지만, 키는 아무리 노력해도 늘릴 수가 없는데 그 불가능한 일로 몇 날 며칠을 괴로워하며 시간 낭비, 감정 낭비를 했으니까요. 그래서 요즘은 해결할 수 있는 치료법이 있는 건 찾아내고, 없는 건 깔끔하게 잊어버리려고 합니다.

Q 지금 포기하고 내려놓아야 마음이 편해질 일은 무엇인가요?

 새벽 수업

Two men looked out from prison bars, one saw the mud, the other saw the stars.

Two men looked out from prison bars, one saw the mud,

the other saw the stars.

두 남자가 감옥 창살 밖을 내다보았다. 한 명은 진흙을, 다른 한 명은 별을 보았다.

두 남자가 감옥 창살 밖을 내다보았다. 한 명은 진흙을, 다른 한

명은 별을 보았다.

I looked out from the balcony and waved at my friends.
나는 발코니에서 내다보며 친구들에게 손을 흔들었다.

He looked out from his hotel room and admired the ocean view.
그는 호텔 방에서 바깥을 내다보며 바다 풍경을 감상했다.

어학원 첫 수업은 새벽 6시 50분이었습니다.

수업 듣고 바로 출근하는 열혈 직장인들이 참 많았습니다. 어느 날 맨 앞자리에 있던 한 학생이 수업 내내 꾸벅꾸벅 졸고 있었습니다. 처음에는 '내 수업이 지루한가?'라는 생각이 들어 기분이 좋지 않았습니다. 그렇게 불편한 마음으로 수업을 마치고 잠시 쉬는데 문득 '아침에 너무 피곤하지만 내 수업을 꼭 듣기 위해 힘들게 온 건 아닐까.'라는 생각이 들었습니다. 그렇게 바라보니 미움이 감사로 바뀌었습니다. 똑같은 상황도 '진흙'을 볼지, '별'을 볼지에 따라 이렇게 큰 차이를 만들어냅니다.

Q 부정적인 해석이 습관처럼 나올 때, 어떻게 긍정으로 전환할 수 있을까요?

대학 교수

Shut off the past! Let the dead past bury its dead.

Shut off the past! Let the dead past bury its dead.

과거를 차단하라! 죽은 과거는 죽은 자에게 맡겨라.

과거를 차단하라! 죽은 과거는 죽은 자에게 맡겨라.

He tried to shut off the painful memory.
그는 아픈 기억을 차단하려고 했다.

After the argument, she completely shut off her emotions.
그 다툼 이후, 그녀는 감정을 완전히 차단해버렸다.

대학에서 영어를 가르칠 수 있는 기회를 얻은 적이 있습니다.

떠돌이 과외 선생 출신이 대학 강단에 설 수 있다니 가문의 영광 아니겠습니까. 이런저런 행복한 상상만 하며 개강만 기다리고 있었습니다. 그런데 갑작스럽게 채용이 철회되었다는 통보를 받았습니다. 철회 이유도 납득하기 어려워서 억울한 마음이 더욱 컸습니다. 한동안 허탈함에 아무 일도 손에 잡히지 않았습니다. 하지만 이 일에 계속 붙잡혀서 내 할 일을 제대로 못 하고 있다는 게 더 화가 났습니다. 쿨하게 던져버리고, 다시 하던 일에 충실하기로 했습니다. 그 대학에서 강의 좀 해달라고 사정사정하는 날이 올 때까지 더 열심히 뛰기로 했습니다.

Q 상실이나 실패를 동력으로 바꾼 경험이 있나요?

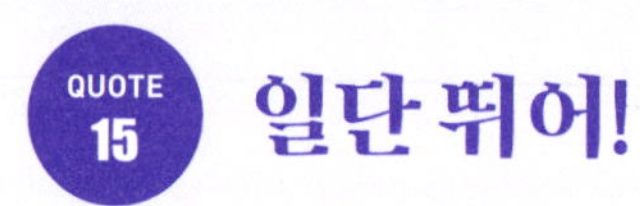

일단 뛰어!

If you want to conquer fear, do not sit home and think about it. Go out and get busy.

If you want to conquer fear, do not sit home and think about it. Go out and get busy.

두려움을 극복하고 싶다면 집에 앉아 고민만 하지 말고 밖으로 나가 바쁘게 움직여라.

두려움을 극복하고 싶다면 집에 앉아 고민만 하지 말고 밖으로 나가 바쁘게 움직여라.

She finally conquered her fear of public speaking.
그녀는 마침내 대중 연설의 두려움을 극복했다.

To conquer stress, you need to find balance in your life.
스트레스를 극복하려면 삶의 균형을 찾아야 한다.

코로나로 학생이 뚝 끊겨서 생계의 위협까지 느낀 시절이 있었습니다.

그렇다고 하루 종일 앉아서 세상 탓만 할 수는 없었기에 뭐라도 해보자는 마음으로 무작정 유튜브를 시작했습니다. 매일 영상 아이디어 짜고, 하루 종일 촬영, 편집을 하다 보니 머릿속 걱정이 사라졌습니다. 그렇게 매일 영상을 올렸더니 기적 같은 일이 벌어졌습니다. 우연히 제 영상을 본 한 온라인 영어 교육 업체에서 협업을 하고 싶다며 러브콜을 보냈고, 그렇게 저는 다시 일어설 수 있었습니다. 지금도 하는 일이 잘 안되면 고민만 하기보다는 일단 밖으로 나가서 바쁘게 움직여 보려고 합니다.

Q 지금 당장 밖으로 나가서 할 수 있는 '작은 행동'은 무엇인가요?

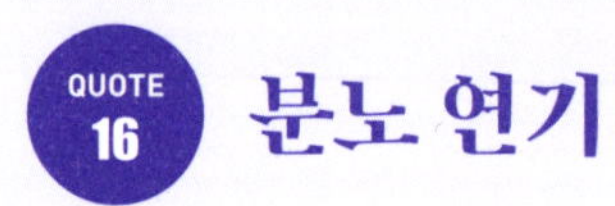 분노 연기

Act as if you were already happy, and that will tend to make you happy.

Act as if you were already happy, and that will tend to make you happy.

이미 행복한 것처럼 행동하라. 그러면 정말 행복해질 수 있다.

이미 행복한 것처럼 행동하라. 그러면 정말 행복해질 수 있다.

I tried to act as if everything was fine.
모든 게 괜찮은 것처럼 행동했어요.

Act as if you're confident, and others will start to believe it too.
자신감 있는 사람처럼 행동해보세요. 그러면 다른 사람들도 그렇게 믿게 됩니다.

배우 지망생 시절, '분노 연기'를 연습하는데 아무리 애를 써도 감정이 안 생기니까 연기 선생님이 갑자기 옆에 있던 의자를 넘어뜨려 보라고 하셨습니다. 그래서 의자를 확 밀어봤는데, 그 순간 심장이 뛰더니 화나는 감정이 훅 올라왔습니다. 너무나 신기한 순간이었습니다. 반대로 기쁜 연기를 할 때는 먼저 신나게 웃어봤더니 즐거운 감정이 생기며 몰입이 더 잘 되었습니다. 행동이 감정을 끌어올릴 수 있다는 걸 그때 처음 알았습니다. 사는 게 힘들다고 느껴질 때는 일단 아무 생각 없이 웃어봅시다. 무언가가 스멀스멀 올라옵니다.

Q 어떤 행동을 할 때 자신도 모르게 기분이 좋아지나요?

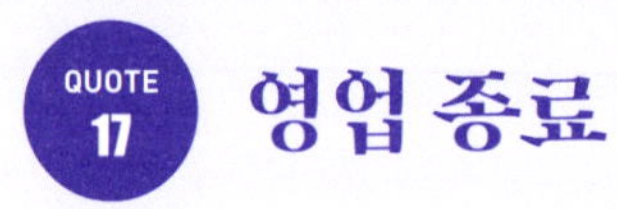 **영업 종료**

Keep busy. The worried person must lose himself in action, lest he wither in despair.

Keep busy. The worried person must lose himself in action, lest he wither in despair.

바쁘게 살아라. 걱정 많은 사람은 행동 속에서 자신을 잊어야 절망에 빠지지 않는다.

바쁘게 살아라. 걱정 많은 사람은 행동 속에서 자신을 잊어야 절망에 빠지지 않는다.

I lose myself in studying English to clear my mind.
잡생각을 없애기 위해 영어 공부에 몰입해요.

When I lose myself in reading, I forget all my worries.
책 읽기에 몰입하면 모든 걱정을 잊게 돼요.

대기업을 퇴사하고, 전 재산을 털어서 카페를 시작한 친구가 있었습니다.

처음 1년은 잘되는 듯하더니 여기저기 늘어나는 다른 카페들과의 출혈 경쟁 때문에 결국 문을 닫는다는 소식을 들었습니다. 한동안 친구와는 연락이 되지 않았고, 혹시나 안 좋은 생각을 할까 봐 걱정이 많이 되었습니다. 그리고 거의 한 달 만에 연락이 닿았습니다. 그동안 헬스장, 영어학원, 수영장 등 다니며 정신없이 지내다보니 연락을 못 받았다고 했습니다. 힘든 시간을 이겨내기 위해 바쁘게 지내며 자신을 다잡고 있었던 겁니다. 절망의 늪에 빠지지 않는 최고의 방법은 역시 '바쁘게' 사는 거였습니다.

Q 절망에 빠질 것 같을 때, 자신을 끌어올리는 가장 효과적인 방법은 무엇인가요?

복수혈전

Develop success from failures. Discouragement and failure are two of the surest stepping stones to success.

Develop success from failures. Discouragement and failure are two of the surest stepping stones to success.

실패에서 성공을 키워라. 낙담과 실패는 성공으로 가는 가장 확실한 디딤돌 중 두 가지이다.

실패에서 성공을 키워라. 낙담과 실패는 성공으로 가는 가장 확실한 디딤돌 중 두 가지이다.

Small efforts can be a stepping stone to big achievements.
작은 노력들이 큰 성과로 가는 디딤돌이 될 수 있어요.

Her first job was just a stepping stone to her dream career.
그녀의 첫 직장은 꿈꾸던 커리어로 가는 디딤돌이었어요.

비전공, 비유학에 명문대 출신도 아니었기에 영어 강사 지원서를 제출하면 서류 통과도 못 하는 경우가 허다했습니다. 그렇다고 현실 탓만 할 수 없었기에 크든 작든 제가 필요한 곳이 있으면 어디든 가서 강의를 하며 실력을 쌓아갔습니다. 그렇게 시간이 꽤 지난 어느 날, 모르는 번호로 전화가 왔습니다.

김동곤 선생님 맞으시죠? 저희가 강의를 제안하고 싶어서 연락드렸습니다.

예전에 서류에서 떨어뜨렸던 한 회사에서 먼저 연락이 왔습니다. 이보다 더 통쾌한 복수가 있을까요. 돌이켜보니 그 수많은 실패가 성공으로 가는 계단이었습니다.

Q 당신의 과거 실패 중, 지금의 성장을 가능하게 한 '디딤돌'은 무엇인가요?

누수 전문가

When fate hands you a lemon, make lemonade.

When fate hands you a lemon, make lemonade.

운명이 신 레몬을 건넨다면, 달콤한 레모네이드를 만들어라.

운명이 신 레몬을 건넨다면, 달콤한 레모네이드를 만들어라.

She handed me a cup of coffee and smiled.
그녀는 내게 커피 한 잔을 건네주며 미소를 지었다.

He handed his passport to the immigration officer.
그는 출입국 심사관에게 여권을 건넸다.

화장실 천장에서 물이 떨어져요!

한가한 주말 오후에 갑자기 아랫집 할머니가 누수 때문에 올라오셨습니다. 30년 된 아파트라서 어느 정도 각오는 했지만, 막상 닥치니까 멘붕이 왔습니다. 막대한 수리 비용, 긴 수리 기간 등 온갖 걱정이 머릿속을 가득 채웠습니다. 하지만 다시 정신을 바짝 차리고 인터넷으로 누수 원인, 시공업체 고르는 팁, 보험 처리까지 모두 공부를 했더니 적은 비용으로 빠르게 누수 사고를 잘 처리할 수 있었습니다. 그리고 얼마 전에 한 학생이 누수 때문에 걱정이라고 해서 제 노하우를 전수해(?)드렸더니 많은 도움이 되었다는 말을 들었습니다. 저에게 주어진 '신 레몬'이 누군가에게 도움이 되는 '레모네이드'가 되는 순간이었습니다.

Q 최근에 겪은 '예상하지 못한 사건'에서 배운 점은 무엇이었나요?

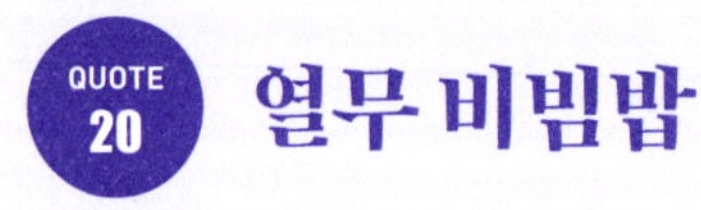

열무 비빔밥

Happiness doesn't depend on any external conditions, it is governed by our mental attitude.

Happiness doesn't depend on any external conditions, it is governed by our mental attitude.

행복은 외적인 조건에 달린 것이 아니라, 우리의 마음가짐에 좌우된다.

행복은 외적인 조건에 달린 것이 아니라, 우리의 마음가짐에 좌우된다.

Our decisions should be governed by logic, not emotions.
우리의 결정은 감정이 아니라 논리에 의해 좌우되어야 한다.

His actions are governed by a strong sense of responsibility.
그의 행동은 강한 책임감에 의해 좌우된다.

엄마와 가장 행복했던 기억이 뭔가요?

심리상담사 선생님이 어느 날 저에게 물으셨습니다. 초등학교 1학년 시절, 단칸방에서 엄마와 함께 흰쌀밥에 열무김치, 고추장을 넣어 비빔밥을 먹었던 기억이 떠올랐습니다. 당시 형편이 어려워 초라한 식사였지만, 엄마와 함께 여유롭게 밥을 먹었던 그 순간은 제 인생에서 가장 따뜻하고 행복한 기억 중 하나로 남아 있습니다. 값비싼 음식도, 넓은 집도 아닌, 엄마와 함께한 평범한 시간이 제게는 큰 기쁨이었습니다. 행복은 조건이 아니라 마음가짐에 달려있습니다.

Q 당신의 인생에서 가장 행복했던 '평범한 순간'은 언제였나요?

 상상 폭주

It has been said that nearly all of our worries and unhappiness come from our imagination and not from reality.

It has been said that nearly all of our worries and unhappiness

come from our imagination and not from reality.

우리의 걱정과 불행의 거의 대부분은 현실이 아니라 우리의 상상에서 비롯된다고들 말한다.

우리의 걱정과 불행의 거의 대부분은 현실이 아니라 우리의 상상에서 비롯된다고들 말한다.

It has been said that laughter is the best medicine.
웃음이 최고의 약이라는 말이 있다.

It has been said that first impressions last forever.
첫인상이 영원히 간다는 말이 있다.

주말에 드라이브 좀 하려고 주차장에 갔는데 차 뒷유리가 와장창 깨져 있었습니다. 너무 당황해서 경비 아저씨께 말씀드렸더니, 귀찮은 듯이 월요일에 관리소장님 출근하면 연락해보라는 겁니다. 안일한 대응에 너무 화가 났고, 온갖 걱정이 밀려왔습니다. '관리소장님도 똑같이 나 몰라라 하면 어쩌지?' '비용은 얼마나 나올까?' '내가 다 부담해야 하는 거 아냐?' 꼬리에 꼬리를 무는 걱정에 주말을 통째로 날려버렸습니다. 그리고 맞이한 월요일. 관리소장님은 현장을 보시더니 100퍼센트 보험 처리해 드릴테니 걱정하지 말라며 너무나도 신속, 깔끔하게 마무리 해주셨습니다. 현실보다 더 무서운 건, 제 머릿속 상상이었더라고요.

Q 불확실한 상황에서 상상 폭주를 멈추는 방법은 무엇인가요?

아파트 계약

Half the worry in the world is caused by people trying to make decisions before they have sufficient knowledge on which to base a decision.

Half the worry in the world is caused by people trying to make decisions before they have sufficient knowledge on which to base a decision.

이 세상 걱정의 절반은 사람들이 충분한 근거도 없이 결정을 내리려 하다가 생긴다.

이 세상 걱정의 절반은 사람들이 충분한 근거도 없이 결정을 내리려 하다가 생긴다.

The delay was caused by heavy traffic.
교통 체증 때문에 지연이 발생했다.

His illness was caused by stress and lack of sleep.
그의 병은 스트레스와 수면 부족으로 인해 생긴 것이었다.

새로 이사 갈 아파트를 계약하기로 마음먹었습니다.

그런데 막상 계약 날짜가 다가오니 이런저런 걱정이 들기 시작했습니다. 층간 소음은 심하지 않은지… 누수는 없는지… 꼼꼼히 따져보지 않고 너무 섣불리 선택한 건 아닌가 싶어서 마음이 편치 않았습니다. 안 되겠다 싶어서 직접 알아보기로 했습니다. 일단 관리사무소에 전화도 해보고, 맘카페에서 후기도 찾아보고, 위 아랫집 주민에게 찾아가 살면서 별다른 문제는 없었는지도 물어봤습니다. 그렇게 하나씩 근거를 찾으며 확인하다 보니 막연한 걱정이 많이 사라졌고, 마음 편하게 계약서를 작성할 수 있었습니다. 물론 지금도 잘 살고 있습니다.

Q 최근에 충분한 정보를 확인하지 않고 결정을 내려서 후회한 적이 있나요?

실버 버튼을 아시나요

Let's not imitate others. Let's find ourselves and be ourselves.

Let's not imitate others. Let's find ourselves and be ourselves.

다른 사람을 흉내 내지 마세요. 우리 자신을 찾고, 우리 자신이 됩시다.

다른 사람을 흉내 내지 마세요. 우리 자신을 찾고, 우리 자신이 됩시다.

Children often imitate their parents' behavior.
아이들은 종종 부모의 행동을 따라 해요.

He tried to imitate the teacher's voice.
그는 선생님의 목소리를 흉내 내려고 노력했어요.

유튜브 구독자 10만 명이 넘으면 받을 수 있는 일종의 트로피입니다. 저도 언젠가는 꼭 가져보고 싶은 마음에 잘나가는 유튜버들의 말투와 제스처를 따라 해보기도 했습니다. 그런데 막상 해보니 영 어색하고 불편했습니다. 저는 친구랑 수다 떨 듯 말하는 게 가장 편한 사람이거든요. 원래대로 다시 저답게 강의를 찍었습니다. 언젠가 내 스타일을 좋아하는 사람들이 많이 생기겠지 하는 마음으로요. 그 후 너무나 감사하게도 사람들이 제 강의를 좋아해 주기 시작했고 채널은 꾸준히 성장했습니다. 가장 나답게 할 때 가장 빛이 났습니다.

Q 당신다운 모습을 보여주기 어려운 이유는 무엇인가요?

Are you hitting on me?

Knowledge isn't power until it is applied.

Knowledge isn't power until it is applied.

지식은 적용될 때 비로소 힘이 된다.

지식은 적용될 때 비로소 힘이 된다.

This rule should be applied to all employees.
이 규칙은 모든 직원에게 적용되어야 해요.

The same method can be applied in different situations.
같은 방법이 다른 상황에도 적용될 수 있어요.

"나한테 작업 거는 거야?"라는 의미입니다. 제가 이 표현을 처음 배웠을 때 잘 외워지지 않았습니다. 그러다 어느 날 외국인 친구랑 이야기하는데 갑자기 여자 친구가 생겼다고 하길래 이때다 싶어서 "Did you hit on her?"라고 물어봤습니다. 그 친구는 1초의 망설임도 없이 "Yes!" 하고 대답하면서 그런 표현은 어디서 배웠냐고 칭찬까지 해주더라구요. 그 후로 그 표현은 절대 잊지 않게 됐습니다. 역시 지식은 실제로 적용이 되었을 때 진짜 내 것이 되었습니다.

Q 오늘 당장 적용해 볼 수 있는 새로운 지식은 무엇인가요?

최악의 강의

Only the prepared speaker deserves to be confident.

Only the prepared speaker deserves to be confident.

준비된 사람만이 자신감을 가질 자격이 있다.

준비된 사람만이 자신감을 가질 자격이 있다.

You deserve to be happy.
당신은 행복할 자격이 있어요.

She deserves to be recognized for her effort.
그녀는 자신의 노력을 인정받아 마땅해요.

온라인 강의를 망친 적이 있습니다. 이런저런 일이 겹쳐서 강의 연습을 충분히 하지 못한 채 촬영장에 들어갔던 겁니다. 저도 모르게 말이 빨라지고, 눈빛은 흔들리고, 스스로 봐도 너무 민망할 정도로 엉망이었습니다. 무엇보다 저 하나가 많은 스탭들을 고생시키는 바람에 더더욱 부끄러운 날이었죠. 그날 이후 다시 초심으로 돌아갔습니다. 정말 열심히 연습하고 촬영에 임했더니 예전처럼 다시 매끄럽게 진행할 수 있었습니다. 역시 준비된 사람만이 자신감을 가질 자격이 있습니다.

Q 자신감을 높이기 위해 지금 당장 준비해야 할 일은 무엇인가요?

좋아하는 일

People rarely succeed unless they have fun in what they are doing.

People rarely succeed unless they have fun in what they are doing.

사람들은 자신이 하는 일을 즐기지 않고서는 좀처럼 성공하지 못한다.

사람들은 자신이 하는 일을 즐기지 않고서는 좀처럼 성공하지 못한다.

I had fun in the cooking class yesterday.
어제 요리 수업 재미있었어.

I hope you have fun in class today.
오늘 수업에서 재미있게 보냈으면 좋겠어.

대학교 때 아르바이트로 시작한 영어 강의를 마흔이 넘은 지금까지 계속하고 있습니다. 그 정도 했으면 질릴 법도 한데 저는 아직도 영어 가르치는 일이 너무 재미있습니다. 물론 20년 동안 학원 폐업, 코로나, 건강 문제 등 여러 우여곡절이 많았지만 그래도 제가 좋아하고, 가장 잘할 수 있는 일은 영어 강의밖에 없었습니다. 그렇게 20여 년 동안 열심히 달렸더니 저에게 너무나도 과분한 좋은 일들도 많았습니다. 저는 제 일이 너무 좋습니다.

Q 당신이 진심으로 즐기며 하는 일은 무엇인가요?

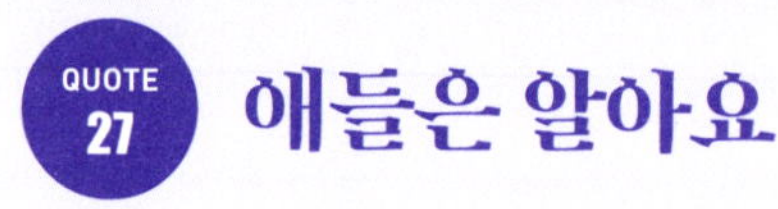

애들은 알아요

The principles taught in this book will work only when they come from the heart. I am not advocating a bag of tricks.

이 책에서 가르치는 원칙들은 마음에서 우러나올 때만 효과가 있습니다. 저는 요령을 권장하는 것이 아닙니다.

come from the heart 진심에서 우러나오다

Her apology really came from the heart.
그녀의 사과는 정말 진심이었어.

Make sure your words come from the heart.
네 말에 진심이 담겨 있어야 해.

어린아이를 키우다 보니 아이에게 항상 좋은 언어 표현들을 쓰려고 노력합니다. 그런데 참 신기하게도 아이들은 다 느끼는 것 같더라고요. 제가 진심을 담아서 말을 하는지, 아니면 감정 없이 흉내만 내는 건지요. 그걸 깨닫고 나서는 말 한마디를 하더라도 먼저 생각하고, 마음을 담아 눈을 맞추며 이야기하려고 노력합니다. 결국 어떤 말보다 중요한 건 '진심'이라는 걸 요즘 아이를 통해 배우네요.

Q 상대방이 진심인지 아닌지 느껴진 순간은 언제였나요?

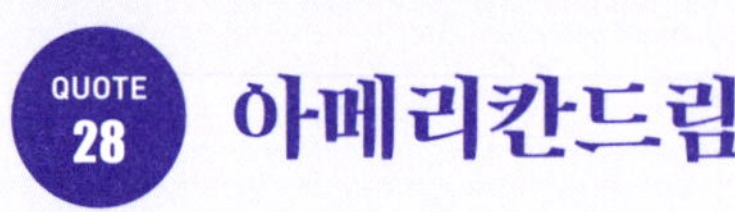

아메리칸드림

Action breeds confidence and courage.

Action breeds confidence and courage.

행동은 자신감과 용기를 만들어준다.

행동은 자신감과 용기를 만들어준다.

Telling small lies can breed bigger problems.
사소한 거짓말이 더 큰 문제를 야기할 수 있다.

A positive attitude can breed a more productive team.
긍정적인 태도는 더 생산적인 팀을 만들 수 있다.

서른을 앞두고 친구들은 하나둘씩 취직하고 자리 잡아 가는데, 저만 제자리걸음 하는 기분이 들었습니다. 이대로 있다가는 이도 저도 안 될 거 같아서 뭐라도 해보자는 마음으로 한 달 치 생활비와 짐가방만 챙겨서 미국으로 무작정 떠났습니다. 처음엔 모든 게 낯설어서 두렵기도 했지만 하루하루 부딪치며 살다 보니 점점 '할 수 있다'는 용기가 생겼습니다. 그렇게 1년 가까이 혼자 버티고 돌아왔을 땐 '이제 못 할 게 없다'는 자신감이 생겼습니다. 행동이 용기를 낳고, 그 용기는 또 다른 자신감을 만들어줬습니다.

Q 당신은 최근에 두려움을 안고 시작한 행동이 있었나요?

진짜 피로

Our fatigue is often caused not by work, but by worry, frustration and resentment.

Our fatigue is often caused not by work, but by worry,

frustration and resentment.

우리가 느끼는 피로는 종종 일 때문이 아니라, 걱정이나 좌절, 분노 때문인 경우가 많다.

우리가 느끼는 피로는 종종 일 때문이 아니라, 걱정이나 좌절,

분노 때문인 경우가 많다.

I feel a lot of fatigue after work.
퇴근하고 나면 많이 피곤해요.

She went to bed early because of fatigue.
그녀는 피곤해서 일찍 잠자리에 들었어요.

"최근에 두 번이나 교통사고를 냈어요."

항상 씩씩한 모습만 보이던 학생 한 분이 조심스럽게 말했습니다. 최근에 승진도 하셔서 누구보다 순탄하게 지내시는 줄 알았는데 속사정은 전혀 달랐습니다. 관리자 직급으로 승진한 이후에 업무량은 줄었지만, 책임감, 인간관계, 실적 압박 등으로 더 힘들다고 하시더군요. 그런 근심 걱정을 한가득 채운 채 운전하다 보니 두 번의 접촉 사고까지 내셨다고 했습니다. 과도한 근심, 걱정이 사람을 얼마나 지치게 할 수 있는지 알 수 있었습니다.

Q 최근에 업무량이 아닌 감정적인 요인 때문에 지친 적이 있나요?

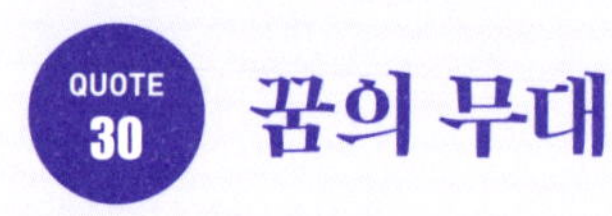

꿈의 무대

Acceptance of what has happened is the first step to overcoming the consequences of any misfortune.

Acceptance of what has happened is the first step to overcoming

the consequences of any misfortune.

이미 벌어진 일을 받아들이는 것은 어떤 불운의 결과를 극복하는 첫걸음이다.

이미 벌어진 일을 받아들이는 것은 어떤 불운의 결과를 극복하

는 첫걸음이다.

Saving money is the first step to financial freedom.
돈을 저축하는 것이 경제적 자유의 첫걸음이다.

Changing your mindset is the first step to personal growth.
마음가짐을 바꾸는 것이 자기 성장의 첫걸음이다.

교육자들의 꿈의 무대, EBS에 도전한 적이 있습니다.

저는 비유학, 비전공 출신이라 아마 서류 통과도 힘들 거라 생각했는데 덜컥 1차 서류 전형에 합격했습니다. 그리고 이어진 2차 실무 테스트까지 기적적(?)으로 통과하고, 최종 3차 면접까지 나름 잘 본 것 같아서 정말 기대가 컸습니다. 그런데 최종 결과는 불합격! 머릿속이 하얘졌습니다. 기대를 너무 많이 해서 그런지 후유증이 꽤 오래갔습니다. 그렇다고 계속 한탄만 할 수는 없었습니다. 빨리 추스르고 현실을 받아들였습니다. 그리고 유튜브로 눈을 돌려봤습니다. 그리고 EBS 부럽지 않을 많은 좋은 기회들을 얻을 수 있었습니다. 일단 현실을 받아들이니까, 그다음 길이 보였습니다.

Q 받아들이기 어려운 일을 경험한 후 새로운 길이 보였던 경험이 있나요?

바보처럼

I did it the same way I learned to skate - by doggedly making a fool of myself until I got used to it.

I did it the same way I learned to skate - by doggedly making

a fool of myself until I got used to it.

제가 그것(연설)을 해낸 방식은 스케이트를 배운 방식과 같았습니다 - 바보짓을 한다는 소리를 들을 때까지 끈덕지게 하다가 익숙해진 거죠.

제가 그것(연설)을 해낸 방식은 스케이트를 배운 방식과 같았습니다 - 바보짓을 한다는 소리를 들을 때까지 끈덕지게 하다가 익숙해진 거죠.

I don't want to make a fool of myself in front of everyone.
모두 앞에서 바보 같은 모습을 보이고 싶지 않아.

If you're afraid to make a fool of yourself, you'll never learn.
창피해지는 걸 두려워하면, 절대 배울 수 없어.

"해외 유학 없이 어떻게 영어를 잘하세요?"

이런 질문을 받을 때마다 저는 바보처럼 열심히 공부했다고 말합니다. 아침에 일어나자마자 CNN으로 하루를 시작하고, 낮에 길을 걸을 땐 영어로 혼잣말하고, 밤에 잘 때는 항상 미드를 틀어놓고 잠들곤 했습니다. 아침부터 밤까지 하루 24시간 종일 영어와 함께했습니다. 물론 처음에는 잘 늘지 않아서 답답했지만 언젠가는 되겠지 하는 믿음을 가지고 꾸준히 하다 보니 정말 입과 귀가 열리는 날이 왔습니다. 바보처럼 꾸준히 해보는 것, 그게 답이었습니다.

Q 목표를 위해 기꺼이 '바보처럼' 해볼 수 있는 일은 무엇인가요?

QUOTE 32 정신과에 간 사연

It is good to know that we have hit bottom and survived.
That makes all our daily problems seem easy by comparison.

It is good to know that we have hit bottom and survived.

That makes all our daily problems seem easy by comparison.

우리가 바닥을 쳤다가도 살아남았다는 사실을 아는 건 큰 힘이 된다. 그런 경험은 우리 일상에서 마주치는 문제들을 비교적 쉽게 느끼게 해준다.

우리가 바닥을 쳤다가도 살아남았다는 사실을 아는 건 큰 힘이

된다. 그런 경험은 우리 일상에서 마주치는 문제들을 비교적 쉽게

느끼게 해준다.

He hit bottom after losing his job and family.
그는 일과 가족을 잃고 완전히 밑바닥까지 떨어졌어.

The company hit bottom during the financial crisis.
그 회사는 금융 위기 때 최악의 상황에 처했어.

20대 후반에 아홉수가 심하게 왔습니다. 미래에 대한 불안감이 저를 통째로 집어삼킨 것 같아서 일상생활이 어려울 정도였습니다. 이대로 두면 진짜 정신이 이상해질 것 같아서 정신과에 스스로 찾아갔습니다. 진료 대기실에서 기다리는 제 모습을 보며, '아, 이제 바닥까지 왔구나'라는 생각에 다시 한번 무너졌습니다. 한동안 그렇게 허우적거리다가 정신을 차려보니 이제 더 이상 내려갈 바닥도 없었습니다. 딱 한 번만 더 힘을 내보기로 했고, 결국 다시 일어설 수 있었습니다. 지하 10층까지 찍어봤더니 이제 하나도 두려울 게 없더라고요.

Q 당신이 인생에서 '바닥을 쳤다'고 느낀 순간은 언제였나요?

긍정 에너지

Let's fill our minds with thoughts of peace, courage, health, and hope.

Let's fill our minds with thoughts of peace, courage, health, and hope.

우리의 마음을 평화, 용기, 건강, 희망의 생각으로 채우자.

우리의 마음을 평화, 용기, 건강, 희망의 생각으로 채우자.

fill A with B A를 B로 채우다

She filled the room with laughter and music.
그녀는 웃음과 음악으로 방을 가득 채웠다.

Let's fill our hearts with gratitude instead of complaints.
불평 대신 감사로 우리의 마음을 채워보자.

"매번 에너지가 흘러넘치시네요!"

얼마 전 감기 때문에 동네 병원에 갔더니 의사 선생님이 저를 보고 하신 첫 마디입니다. 저는 평소에 제가 어떤 기운을 내뿜는지 전혀 의식하지 않고 살아서 몰랐는데 갑자기 그런 말을 들으니 너무 신선하게 들렸습니다. 아마도 제가 좋아하는 일을 하고, 사람들과 즐겁게 소통하며 살다 보니 자연스럽게 긍정적 기운이 흘러나오는 게 아닌가 싶었습니다. 결국 마음을 무엇으로 채우고 사느냐에 따라 그 사람의 기운이 정해지는 것 같습니다.

Q 마음을 긍정적인 생각으로 채우기 위해 어떤 노력을 하고 있나요?

짧은 인생

Let's not allow ourselves to be upset by small things we should despise and forget. Remember 'Life is too short to be little.'

Let's not allow ourselves to be upset by small things we should despise and forget. Remember 'Life is too short to be little.'

하찮게 여기고 잊어버려야 할 작은 일들 때문에 스스로 속상해하지 말도록 합시다. '인생은 하찮게 보내기엔 너무 짧다'는 것을 기억하세요.

하찮게 여기고 잊어버려야 할 작은 일들 때문에 스스로 속상해하지 말도록 합시다. '인생은 하찮게 보내기엔 너무 짧다'는 것을 기억하세요.

My parents allowed me to stay out late.
부모님이 내가 늦게까지 밖에 있는 걸 허락해 주셨어.

The ticket allows you to enter the museum for free.
이 티켓은 박물관에 무료로 입장할 수 있게 해줘.

시간 날 때 어린 아들을 놀이터에 가끔 데려갑니다.

전에는 잘 따라오던 아이가 요즘은 자꾸 딴 길로 새고, 손도 잘 안 잡으려 하더라고요.

한번은 너무 답답해서 눈을 부릅뜨고 아이를 억지로 끌고 놀이터로 갔더니 금세 아이 눈에 눈물이 가득해졌습니다. 바로 후회가 되었습니다. 이게 무슨 대단한 일이라고 아이에게 그렇게까지 모질게 대했을까. 이렇게 아빠 손 잡고 놀이터 가자고 할 날도 얼마 남지 않았는데. 하찮은 일에 화내서 소중한 순간을 망치지 말자고 다짐했습니다.

Q 최근에 사소한 일로 소중한 순간을 망친 적이 있나요?

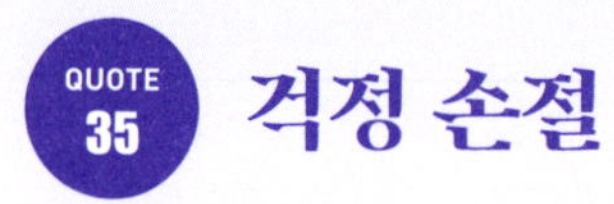

걱정 손절

Put a 'stop-loss' order on your worries. Decide just how much anxiety a thing may be worth—and refuse to give it any more.

Put a 'stop-loss' order on your worries. Decide just how much anxiety a thing may be worth—and refuse to give it any more.

걱정에도 '손절매 주문'을 걸어라. 어떤 일에 얼마나 걱정할 가치가 있는지 한도를 정하고, 그 이상은 절대 더 주지 마라.

걱정에도 '손절매 주문'을 걸어라. 어떤 일에 얼마나 걱정할 가치가 있는지 한도를 정하고, 그 이상은 절대 더 주지 마라.

He tried to hide his anxiety with a smile.
그는 불안함을 웃음으로 감추려 했다.

Many students experience anxiety before an important exam.
많은 학생들이 중요한 시험 전에 불안을 겪는다.

결혼식을 치른 지 몇 달 지나지 않아 코로나가 터지면서 학생 수는 급감했고, 수입은 반토막이 되었습니다. 혼자 살았으면 그러려니 했겠지만, 가정이 생기니 걱정이 더 컸습니다. 수입이 줄면, 소비도 줄고, 소비가 줄면 예민해져서 잦은 다툼이 생길 것이고, 자주 다투면… 걱정을 하면 할수록 최악의 상황이 떠올랐습니다. 그래서 일단 걱정을 멈추기로 했습니다. 아무 일도 하지 않고, 걱정만 하면서 시간 낭비하는 게 더 싫었습니다. 적당한 걱정은 도움이 될 수 있지만, 과한 걱정은 바로 '손절'해야죠.

Q 걱정이 커지기 전에 멈추는 나만의 방법이 있나요?

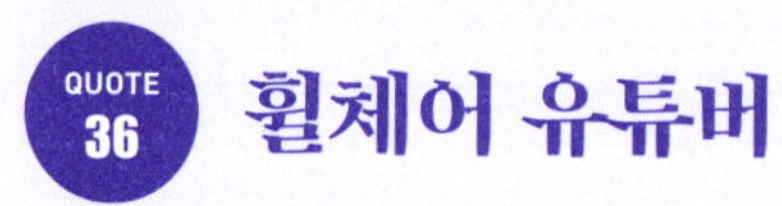

휠체어 유튜버

I had the blues because I had no shoes, Until upon the street,
I met a man who had no feet.

I had the blues because I had no shoes, Until upon the street,

I met a man who had no feet.

나는 신발이 없다고 우울해하고 있었는데, 거리에서 발이 없는
사람을 만날 때까지 그랬다.

나는 신발이 없다고 우울해하고 있었는데, 거리에서 발이 없는

사람을 만날 때까지 그랬다.

I usually have the blues on Sunday nights.
일요일 밤이면 항상 우울해져요.

She had the blues after breaking up with her boyfriend.
그녀는 남자친구와 헤어진 후 우울해했어요.

전신마비가 있는 인플루언서의 사연을 우연히 보게 되었습니다.

인턴으로 일하던 회사에서 정규직 전환 소식을 받고, 기쁜 마음에 친구들과 축하 파티를 하던 중 실수로 건물 2층 높이에서 떨어져 하루아침에 전신마비가 되어버렸습니다. 하지만 좌절하지 않고 전국 방방곡곡 휠체어를 타고 다니며 SNS를 통해 사람들에게 희망의 메시지를 전달하는 모습이 너무 멋졌습니다. 다리가 멀쩡한 저보다, 더 열심히 돌아다니며 제2의 삶을 사는 그분의 모습을 보며 많은 도전을 받았습니다.

Q 최근에 나보다 더 큰 어려움을 겪으면서도 긍정적인 사람을 만난 적이 있나요?

짜증을 내어서 무얼 하나

Try to bear lightly what needs must be.

Try to bear lightly what needs must be.

피할 수 없는 일은 가볍게 견디도록 하라.

피할 수 없는 일은 가볍게 견디도록 하라.

She bore the pain lightly.
그녀는 그 고통을 가볍게 견뎠다.

She bears criticism lightly and learns from it.
그녀는 비판을 대수롭지 않게 여기고 그것으로부터 배운다.

하루 종일 목이 터져라 온라인 강의를 촬영한 적이 있습니다.

마지막 젖 먹던 힘까지 짜내어 겨우 촬영을 마무리하자마자 갑자기 제작진 한 분이 달려 오셨습니다. 녹음이 제대로 되지 않아서 중간부터 재촬영을 해야 할 것 같다고 했습니다. 순간 숨이 턱 막혔습니다. 도저히 다시 할 엄두가 나지 않았습니다. 그런데 갑자기 함께 촬 영했던 동료 강사님이 "이런 날도 있어요. 리허설 제대로 했다고 생각해야죠!" 하시더군 요. 처음에는 무슨 뚱딴지같은 소리냐고 생각했지만 그 말이 맞았습니다. 화내봤자 해결 이 되는 것도 아니고 저만 괜히 더 스트레스받는 거잖아요. 피할 수 없는 일은 가볍게 털고 다시 시작하면 되는 거더라고요.

Q 오늘 당신이 가볍게 털어야 할 일은 무엇인가요?

____

____

____

____

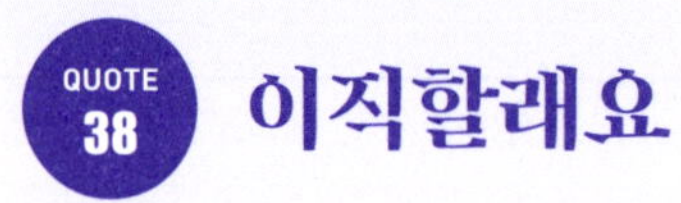 **이직할래요**

Circumstances alone do not make us happy or unhappy. It is
the way we react to circumstances that determines our feelings.

Circumstances alone do not make us happy or unhappy. It is

the way we react to circumstances that determines our feelings.

환경 자체가 우리를 행복하거나 불행하게 만드는 것은 아닙니다.
그 환경에 우리가 어떻게 반응하느냐가 우리의 감정을 결정합니다.

환경 자체가 우리를 행복하거나 불행하게 만드는 것은 아닙니다.

그 환경에 우리가 어떻게 반응하느냐가 우리의 감정을 결정합니다.

She determined to study abroad next year.
그녀는 내년에 유학을 가기로 결심했어요.

Your attitude will determine your success.
당신의 태도가 성공을 결정 할 것이다.

"업무량이 너무 많아요."

"매니저가 너무 깐깐해요."

"회사 시스템이 너무 비효율적이에요."

직장인 학생들과 수업을 하다 보면 회사 생활의 다양한 어려움을 듣게 됩니다. 그런 어려움들이 쌓이고 쌓여서 결국 이직까지 하시죠. 그런데 이직 이후의 회사 생활 이야기를 들어보면 대부분 "회사는 회사더라고요."라고 말합니다. 새로운 회사에 갔더니 새로운 이유로 스트레스를 받는다는 겁니다. 진짜 문제는 환경이 아니라, 그 환경에 내가 어떻게 반응하느냐에 달려 있는 것 같습니다.

Q 최근에 환경보다 내 반응이 더 중요하다고 느낀 순간은 언제였나요?

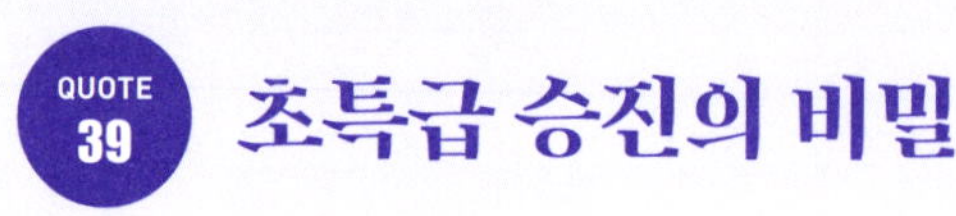

초특급 승진의 비밀

Control your temper. Remember, you can measure the size of a person by what makes him or her angry.

Control your temper. Remember, you can measure the size of a person by what makes him or her angry.

화를 다스려라. 무엇에 화를 내는가를 보면 그 사람의 그릇을 알 수 있다는 것을 기억하라.

화를 다스려라. 무엇에 화를 내는가를 보면 그 사람의 그릇을 알 수 있다는 것을 기억하라.

Can you measure the size of this box?
이 상자의 크기를 재줄 수 있어?

We need to measure the size of the room before buying furniture.
가구를 사기 전에 방의 크기를 측정해야 해.

40대 초반의 나이에 대기업 임원이 된 학생이 있었습니다.

당연히 업무 성과도 좋고, 주변 사람들과의 관계도 원만해서 회사 안팎에서 평판이 아주 좋으신 분이었습니다. 그러던 어느 날 같은 회사 소속의 다른 학생과 수업을 하다가 그분의 특별한(?) 점을 우연히 알게 되었습니다. 어떠한 문제나 실수가 생겼을 때 절대로 화내지 않는다는 겁니다. 항상 감정을 배제한 채 침착하게 상황을 정리하고, 해결책을 찾는 데 집중한다는 겁니다. 진짜 리더란 감정을 통제하고, 사소한 일에 흔들리지 않는 '그릇이 큰 사람'이었습니다.

Q 감정을 다스려서 좋은 결과를 얻었던 경험이 있나요?

손금

Predetermine your mind to success.

Predetermine your mind to success.

미리 성공을 확신하도록 마음가짐을 정하세요.

미리 성공을 확신하도록 마음가짐을 정하세요.

She predetermined that she would pass the exam.
그녀는 시험에 합격하겠다고 마음을 미리 다잡았다.

The meeting time was predetermined by the manager.
회의 시간은 매니저에 의해 미리 정해졌다.

한참 슬럼프에 빠져서 무엇을 해야 할지 갈피를 못 잡던 적이 있습니다. 그러다가 우연히 예전에 일했던 학원의 원장님과 연락이 되었고 점심식사를 하게 되었습니다. 겉으로 내색은 안했지만 원장님은 제 상황이 그리 좋지 않다는 것을 눈치채신 것 같았습니다. 그리곤 갑자기 제 손금 좀 보자고 하시더니 재능이 참 많으신 분인데 왜 썩히시는지 모르겠다고 하시는 겁니다. 순간 정신이 번쩍 들었고, 그날 이후로 그 말이 머릿속에 계속 맴돌았습니다. 다시 용기를 내어 도전했고, 감사하게도 많은 곳에서 제 재능을 발휘할 수 있었습니다. 성공은 마음의 확신에서 시작했습니다.

Q 오늘부터 자신에게 심어줄 '확신의 말'은 무엇인가요?

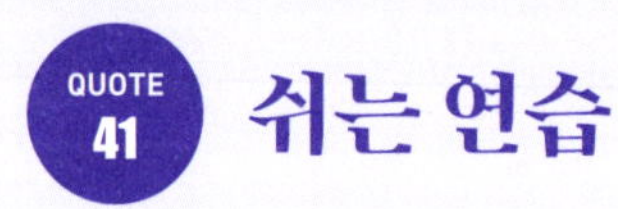 **쉬는 연습**

Learn to relax at your work. Protect your health and appearance by relaxing at home.

Learn to relax at your work. Protect your health and appearance by relaxing at home.

직장에서 긴장을 푸는 법을 배워라. 집에서는 휴식을 취하며 당신의 건강과 외모를 지켜라.

직장에서 긴장을 푸는 법을 배워라. 집에서는 휴식을 취하며 당신의 건강과 외모를 지켜라.

She always looks calm at her work.
그녀는 직장에서 항상 차분해 보여요.

He's under a lot of pressure at his work.
그는 직장에서 큰 스트레스를 받고 있다.

한동안 워라벨 없이 살았던 적이 있습니다.

평일 퇴근 후에는 방에 틀어박혀 밀린 일 처리하고, 주말에도 종일 수업 준비만 했던 적이 있습니다. 남들 쉴 때 하나라도 더 해야 잘 사는 거라 믿었습니다. 그런데 언제부턴가 수업 준비도 버겁고, 강의에 집중이 잘되지 않았습니다. 몸과 마음이 지쳤다는 신호였습니다. 주말 동안 아무 일도 하지 않고 늘어지게 늦잠 자면서 쉬어봤습니다. 월요일 아침이 훨씬 더 상쾌했습니다. 잘 쉬어야, 일도 잘할 수 있게 된다는 단순한 진리를 깨닫게 되었습니다. 요즘은 쉬는 방법을 연습하고 있습니다.

Q 이번 주말에 당신을 회복시켜줄 휴식 방법은 무엇인가요?

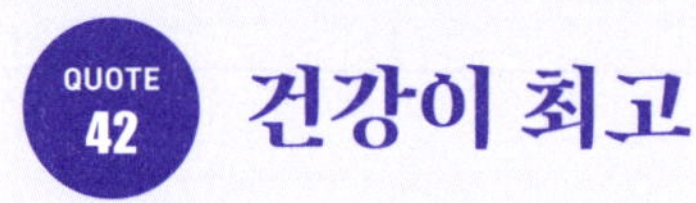

건강이 최고

What shall it profit a man if he gains the whole world and loses his health?

What shall it profit a man if he gains the whole world and loses his health?

사람이 온 세상을 얻는다 해도 건강을 잃는다면, 무슨 이득이 있겠는가?

사람이 온 세상을 얻는다 해도 건강을 잃는다면, 무슨 이득이 있겠는가?

Everyone can profit from reading good books.
누구나 좋은 책을 읽으면 이익을 얻을 수 있다.

She profited from the experience of working abroad.
그녀는 해외에서 일한 경험으로부터 이익을 얻었다.

정말 일에 진심인 학생이 있었습니다.

새벽에 가장 먼저 출근하고, 밤에 마지막으로 불 끄고 나오시는 분이었죠. 그 덕에 남들보다 훨씬 빠르게 승진하고, 업계에서도 이미 일 잘한다고 소문이 자자한 분 이었습니다. 그렇게 바쁜 일정에도 불구하고 영어 수업도 절대 빠지지 않았습니다. 그런데 어느 날 수업에 이 분이 보이지 않았습니다. 며칠 후 연락이 왔는데, 오랫동안 쌓인 과로와 스트레스로 대상포진이 심하게 와서 결국 모든 걸 멈추고 병원에 입원한 겁니다. 온 세상을 얻는다 해도 건강을 잃는다면 아무 의미가 없었습니다.

Q 당신이 건강을 잃으면서까지 지키고 있는 것은 무엇인가요?

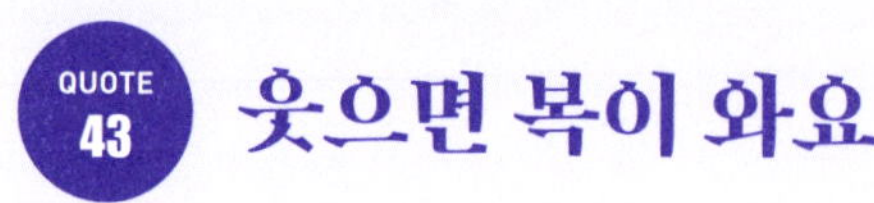

웃으면 복이 와요

The most relaxing recreating forces are a healthy religion, sleep, music, and laughter.

The most relaxing recreating forces are a healthy religion, sleep, music, and laughter.

가장 사람을 편안히 휴식시키는 힘은 건전한 신앙, 숙면, 음악, 그리고 웃음이다.

가장 사람을 편안히 휴식시키는 힘은 건전한 신앙, 숙면, 음악, 그리고 웃음이다.

Laughter can be a powerful recreating force.
웃음이 강력한 회복의 힘이 될 수 있어요.

Music is one of the greatest recreating forces in my life.
음악은 내 삶에서 가장 큰 회복의 힘 중 하나예요.

아내와 크게 다툰 적이 있습니다. 그런데 하필 싸운 직후에 바로 수업이 잡혀 있어서, 감정이 복받친 상태로 수업을 시작했습니다. 그런데 그날따라 학생이 해주는 이야기가 너무 웃겼습니다. 한참을 웃다 보니 수업이 끝날 때쯤 어느새 제 기분도 몽글몽글 풀려있었습니다. 그저 웃기만 했을 뿐인데, 마음이 한결 가벼워졌습니다. 수업이 끝나자마자 바로 아내에게 전화를 걸어서 먼저 사과하고 화해를 청했습니다. 요즘도 힘든 일이 있을 때면 일단 아무 생각 없이 신나게 웃어봅니다.

Q 당신에게 가장 큰 회복의 힘을 주는 것은 무엇인가요?

시각 장애 유튜버

You are something new in this world. Be glad of it. Make the most of what nature gave you.

You are something new in this world. Be glad of it. Make the most of what nature gave you.

당신은 이 세상에 새로운 존재입니다. 그 사실을 기뻐하세요. 자연이 당신에게 준 것을 최대한 활용하세요.

당신은 이 세상에 새로운 존재입니다. 그 사실을 기뻐하세요. 자연이 당신에게 준 것을 최대한 활용하세요.

Let's make the most of this weekend.
이번 주말을 최대한 잘 활용하자.

We need to make the most of what we have.
우리는 가진 걸 최대한 잘 활용해야 해요.

시각 장애인이 운영하는 100만 유튜브 채널을 본 적이 있습니다. 비록 앞이 보이지 않는 장애를 가지고 있지만, 입담과 재치는 그 어떤 인플루언서보다 뛰어났습니다. 상대방의 말을 세심하게 경청하면서 동시에 공감과 웃음을 전하는 모습을 보고 있으면 시각 장애가 있다는 사실을 완전히 잊어버리고 콘텐츠에 몰입하게 됩니다. 본인의 장애를 원망하기보다는 있는 그대로의 자신을 받아들이고, 주어진 조건 속에서 자신의 강점을 최대치로 발휘하며 살아가는 인생이 정말 아름다웠습니다.

Q 내가 가진 조건 중 '강점'이라고 부를 수 있는 것은 무엇인가요?

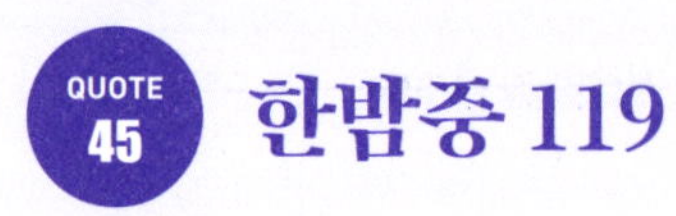

한밤중 119

Think and Thank. Think of all we have to be grateful for, and thank God for all our boons and bounties.

Think and Thank. Think of all we have to be grateful for, and

thank God for all our boons and bounties.

생각하고 감사하라. 우리가 감사해야 할 모든 것을 생각하고, 우리에게 주어진 모든 은혜에 하나님께 감사드리라.

생각하고 감사하라. 우리가 감사해야 할 모든 것을 생각하고, 우

리에게 주어진 모든 은혜에 하나님께 감사드리라.

She was grateful for the chance to travel abroad.
그녀는 해외여행 기회를 얻게 되어 감사해했어요.

He is deeply grateful for his family's support.
그는 가족의 응원에 깊이 감사하고 있어요.

막 돌 지난 아이가 새벽에 갑자기 울길래 열을 쟀더니 38도가 넘었습니다. 해열제를 먹이면 금방 나을 거라 생각했는데 열은 좀처럼 떨어지지 않고 39도를 넘어 40도에 가까워지기 시작했습니다. 도저히 안 되겠다 싶어서 119를 불렀습니다. 생전 처음으로 아이와 함께 구급차에 올랐습니다. 그런데 구급차가 움직이질 않았습니다. 주변 응급실에 진료 가능한 의사가 없어서 계속 전화를 돌리고 있답니다. 별의별 생각이 다 들었습니다. 다 잃어도 좋으니 제발 아이만 살려달라고 마음속으로 빌었습니다. 결국 앰뷸런스에서 내려 집으로 돌아왔고, 다행히 다음날 열이 떨어졌습니다. 아이가 아프지 않고, 건강하게 웃어주는 것만으로도 너무나 감사했습니다. 늘 당연하게 여겼던 일상이 얼마나 큰 선물이었는지 알게 되었습니다.

Q 일상에서 '감사 리스트'를 만든다면 어떤 것들이 들어갈까요?

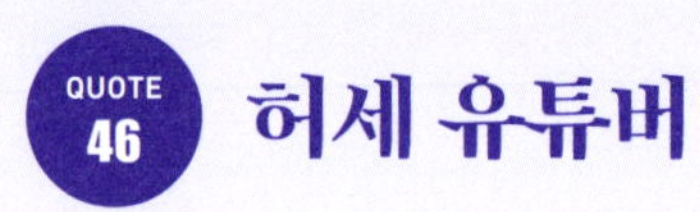

허세 유튜버

One reason why birds and horses are not unhappy is because they are not trying to impress other birds and horses.

One reason why birds and horses are not unhappy is because

they are not trying to impress other birds and horses.

새와 말이 불행하지 않은 한 가지 이유는 다른 새와 말을 감동시키려고 애쓰지 않기 때문이다.

새와 말이 불행하지 않은 한 가지 이유는 다른 새와 말을 감동시

키려고 애쓰지 않기 때문이다.

try to impress (someone) ~에게 잘 보이려고 애쓰다

Stop trying to impress everyone.
모든 사람에게 잘 보이려고 애쓰지 마.

I used to try to impress people with my English.
나는 예전에 영어로 사람들에게 잘 보이려고 했었다.

처음 유튜브를 시작했을 때, 너무 잘하고 싶은 마음이 앞섰습니다. 평소보다 발음을 더 굴리고, 제스처도 크게 쓰면서 어딘가 교포 느낌이 나는 유튜버처럼 보이려고 애를 썼습니다. 그런데 촬영을 할수록 조금씩 불편해졌습니다. 재미도 없었고, 점점 하기 싫어졌습니다. 구독자들의 반응도 미미했습니다. 그때 깨달았습니다. 나는 영어를 가르치려는 게 아니라 영어로 인정받고 싶어서 허세를 부렸구나. 그 후로는 어깨에 힘을 빼고 친구들과 이야기하듯 편하게 말하기 시작했습니다. 발음도 자연스럽게, 제스처도 과하지 않게. 그랬더니 말하는 저도 편해졌고, 무엇보다 공감하며 댓글을 남겨주는 구독자들이 조금씩 늘어나기 시작했습니다.

Q 지금 누군가에게 잘 보이기 위해 애쓰고 있나요? 그리고 그 마음이 나를 조금씩 지치게 하고 있지는 않나요?

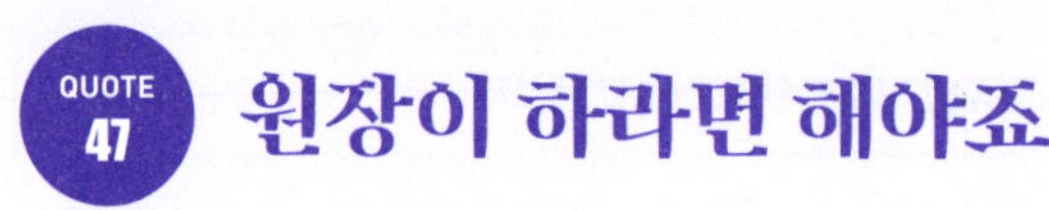

원장이 하라면 해야죠

Let's never try to get even with our enemies, because if we do, we will hurt ourselves far more than we hurt them.

Let's never try to get even with our enemies, because if we

do, we will hurt ourselves far more than we hurt them.

절대 원수에게 앙갚음하려 하지 말자. 그렇게 하면 우리는 그들에게 상처 주는 것보다 훨씬 더 우리 자신을 다치게 한다.

절대 원수에게 앙갚음하려 하지 말자. 그렇게 하면 우리는 그들에

게 상처 주는 것보다 훨씬 더 우리 자신을 다치게 한다.

Don't try to get even with people who hurt you.
당신에게 상처 준 사람들에게 되갚아주려 하지 마라.

He cheated on me, and I wanted to get even with him.
그는 나에게 바람을 피웠고, 난 그에게 앙갚음하고 싶었다.

영어 회화 강사가 되기 위해 여기저기 어학원 면접을 보러 다니던 시절이 있었습니다. 그날도 한 어학원에서 면접을 보고 있었습니다. 그런데 갑자기 원장이 대뜸 말했습니다. "노래 한번 해보세요." 처음에는 농담인 줄 알고 웃으며 머뭇거리자 원장이 덧붙였습니다. "원장이 하라면 해야죠." 순간 분위기는 싸해졌고, 저는 난생 처음 면접에서 노래를 불렀습니다. 원장은 알 수 없는 미소를 지었고, 결국 연락은 오지 않았습니다. 며칠 동안 일이 손에 잡히지 않을 정도로 화가 났습니다. 하지만 더 큰 문제는, 그 분노가 그 학원이 아니라 제 하루하루를 갉아먹고 있었습니다. 결국 정신을 차리고 다시 제 일에 집중했습니다. 그리고 몇 년이 지난 어느 날, 문득 그 학원을 검색해보았습니다. 이미 폐업한 상태였습니다.

Q 누군가에게 되갚아주고 싶은 마음이 남아 있나요?
그 생각은 내 하루를 살리고 있나요? 갉아먹고 있나요?

Dale Carnegie's
Great Quotes to Strengthen
Everyday Life

마음을 잇는 기술

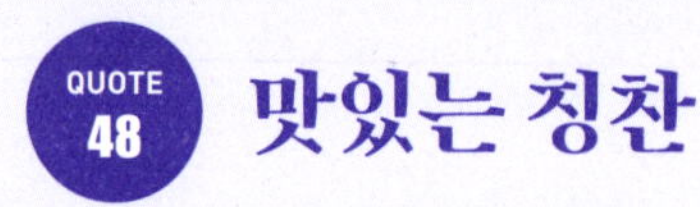

맛있는 칭찬

The deepest principle in human nature is the craving to be appreciated.

The deepest principle in human nature is the craving to be appreciated.

인간 본성에서 가장 깊은 욕구는 '인정받고 싶은 마음'이다.

인간 본성에서 가장 깊은 욕구는 '인정받고 싶은 마음'이다.

I craved to hear his voice again.
나는 그의 목소리를 다시 듣고 싶어 견딜 수 없었다.

She craved to travel the world and experience new cultures.
그녀는 세계를 여행하며 새로운 문화를 경험하고 싶어 했다.

동네에서 소문난 삼겹살집이 있다고 해서 아내와 함께 갔습니다. 작은 식당이었고, 노부부가 정겹게 운영하고 있었습니다. 그런데 저희 기대가 너무 컸던 건지 고기 맛은 평범했습니다. 그렇게 약간의 실망감을 안고 식사를 하는데, 사장님이 밑반찬을 더 챙겨주시며 아내에게 갑자기 "왼손잡이가 참 부러워요. 뭔가 특별해 보여서요."라고 하셨습니다. 그 순간 평소 왼손잡이를 콤플렉스처럼 생각하던 아내의 얼굴에 미소가 퍼졌고, 저까지 덩달아 기분이 좋아졌습니다. 고기 맛보다 인정하는 그 한마디가 더 맛있었습니다.

Q 누군가의 인정이나 칭찬이 하루를 특별하게 만든 경험이 있나요?

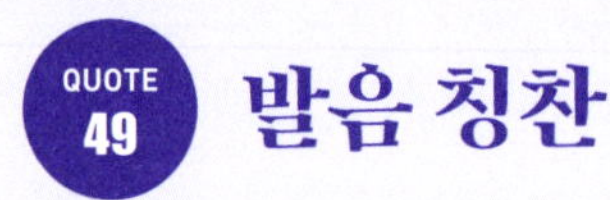

발음 칭찬

Praise the slightest improvement and praise every improvement.
Be hearty in your approbation and lavish in your praise.

Praise the slightest improvement and praise every improvement.

Be hearty in your approbation and lavish in your praise.

아주 작은 발전도 칭찬하고, 모든 발전을 칭찬하라. 진심 어린 찬
사와 아낌없는 칭찬을 하라.

아주 작은 발전도 칭찬하고, 모든 발전을 칭찬하라. 진심 어린 찬

사와 아낌없는 칭찬을 하라.

They were lavish in their hospitality.
그들은 손님 접대에 아낌이 없었다.

She was lavish in her praise of the student's efforts.
그녀는 학생의 노력에 대해 아낌없이 칭찬했다.

어릴 때 저는 숫기 없고 조용한 아이였습니다. 특히 영어 시간에 차례대로 교과서 지문을 읽는 날이 가장 싫었습니다. 그날도 역시 제 차례가 되어 그 싫은 영어책을 애써 열심히 읽었습니다. 그런데 갑자기 선생님이 "동곤이가 발음이 좋네."라고 하셨습니다. 너무 뜬금없는 칭찬에 순간 멍해졌고, 교실에 있던 모든 친구가 저를 보며 "오!" 하고 웅성거렸습니다. 그날부터 갑자기 영어가 미친 듯이 좋아졌습니다. 그리고 그날 선생님의 특급 칭찬은 제 인생의 터닝 포인트가 되어서 지금까지 20여 년째 영어를 가르치며 살고 있습니다.

Q 당신의 인생 방향을 바꾼 '작은 칭찬'은 무엇이었나요?

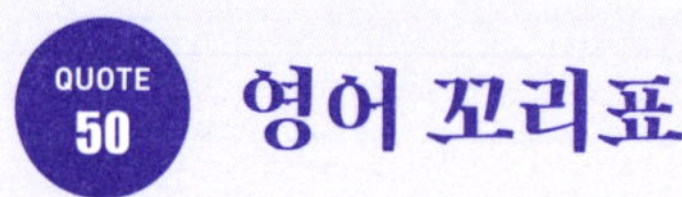

Give the other person a fine reputation to live up to.

Give the other person a fine reputation to live up to.

상대가 그 기대에 걸맞게 살고 싶어 하는 좋은 명성을 심어 주어라.

상대가 그 기대에 걸맞게 살고 싶어 하는 좋은 명성을 심어 주어라.

He tried hard to live up to his parents' expectations.
그는 부모의 기대에 부응하기 위해 열심히 노력했어요.

She always tries to live up to her own high standards.
그녀는 항상 자신이 세운 높은 기준에 부응하려고 한다.

영어 발음 칭찬 사건 이후로 저에게는 '영어 잘하는 아이'라는 꼬리표가 붙기 시작했습니다. 기분은 좋았지만, 그때부터는 다른 과목은 망쳐도 영어 성적만큼은 계속 유지해야 한다는 묘한 압박감이 생기기 시작했습니다. 그렇게 사람들의 기대에 부응하려 애쓰다 보니 영어 성적은 항상 좋았고 결국은 그게 큰 무기가 되어서 지금까지 영어로 밥벌이하며 살아가고 있습니다. 누군가에게 좋은 명성을 심어주는 일이 단순한 칭찬을 넘어서 그 사람의 가능성을 끌어낼 수 있다는 걸 알았습니다.

Q 당신에게 붙은 꼬리표가 당신을 성장하게 만든 경험이 있나요?

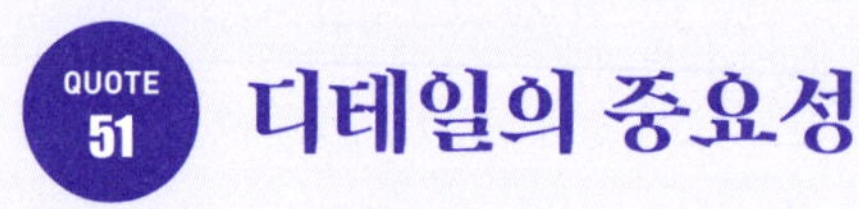

디테일의 중요성

Everybody likes to be praised, but when praise is specific, it comes across as sincere.

Everybody likes to be praised, but when praise is specific, it comes across as sincere.

누구나 칭찬받는 것을 좋아하지만, 칭찬이 구체적일 때 그것이 진심으로 느껴진다.

누구나 칭찬받는 것을 좋아하지만, 칭찬이 구체적일 때 그것이 진심으로 느껴진다.

Your email came across as a little rude.
네 이메일은 약간 무례하게 느껴졌어.

He came across as very confident during the interview.
그는 면접에서 아주 자신감 있어 보였어요.

아내는 집에서 요리하는 것을 좋아합니다. 제 입맛에도 딱 맞아서 먹을 때마다 맛있다는 말을 잊지 않습니다. 그런데 언제부턴가 아내 표정이 좋지 않았습니다. 제가 짧게 맛있다고만 하니까 예의상 말하는 것 같아서 진심이 느껴지지 않는다는 겁니다. 그래서 그 후로는 좀 더 구체적으로 "양념이 고기에 딱 배었네… 오늘 국물이 진짜 진국이네!"라고 표현했더니 그제야 표정이 밝아지기 시작했습니다. 칭찬의 진정성은 디테일에 있었습니다.

Q 최근에 받은 칭찬 중 진심이 느껴졌던 말은 무엇이었나요?

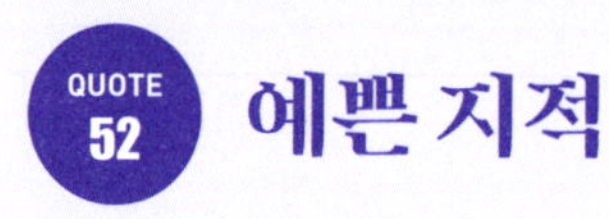

예쁜 지적

If you must find fault, this is the way to begin: Begin with praise and honest appreciation.

If you must find fault, this is the way to begin: Begin with

praise and honest appreciation.

어쩔 수 없이 흠을 지적해야 한다면 이렇게 시작하라: 칭찬과 진심 어린 감사를 먼저 전하라.

어쩔 수 없이 흠을 지적해야 한다면 이렇게 시작하라: 칭찬과 진

심 어린 감사를 먼저 전하라.

She always finds fault with everything I do.
그녀는 내가 하는 일마다 늘 트집을 잡아.

Stop finding fault with others and focus on yourself.
남 흠잡지 말고 너 자신에게 집중해.

새집 인테리어 때문에 매일 공사 현장을 방문했습니다. 하루는 화장실 인테리어를 봤는데 콘센트 위치가 샤워 부스와 너무 가까워서 위험해 보였습니다. 이미 타일까지 모두 붙인 상황이라 콘센트 위치를 옮기는 게 쉽지는 않아 보였습니다. 그래도 그냥 넘길 일은 아니었기에 일단 시공 기사님께 "우와! 너무 잘 되었네요! 딱 제가 원했던 느낌이에요!"라고 말하며 충분히 감사 인사를 전한 후에 조심스럽게 콘센트 위치에 대해 말씀드렸습니다. 살짝 당황하긴 하셨지만 바로 해주겠다고 하셨습니다. 지적도 칭찬이 곁들여질 때 더 큰 힘을 발휘했습니다.

Q **'칭찬 후 지적'이 효과적으로 되기 위해 꼭 필요한 요소는 무엇일까요?**

누구나 할 수 있어요

Use encouragement. Make the fault seem easy to correct.

Use encouragement. Make the fault seem easy to correct.

격려를 활용하라. 실수나 결함이 쉽게 고칠 수 있는 것처럼 느끼게 하라.

격려를 활용하라. 실수나 결함이 쉽게 고칠 수 있는 것처럼 느끼게 하라.

She found encouragement in her friend's words.
그녀는 친구의 말에서 용기를 얻었어요.

My teacher gave me a lot of encouragement before the exam.
선생님이 시험 전에 많은 격려를 해주셨어요.

"나이 먹고 영어 공부하는 게 너무 어렵네요."

영어로 자기소개 한 줄 하는데도 얼굴이 빨개질 정도로 영어 때문에 너무 힘들어하는 40대 학생이 있었습니다. 무슨 말을 해줘야 할지 잠시 고민했습니다.

제 수업을 듣는 50대 학생분들도 처음에는 어려워하셨는데 꾸준히 열심히 하시니 지금은 영어 발표를 잘하세요! 충분히 하실 수 있습니다!

그 말이 조금은 위로가 되었는지 다시 용기를 내어서 꾸준히 수업에 참여하셨고 결국에는 회사에서 진행하는 영어 화상 회의도 성공적으로 잘 마치셨습니다. 누구든 쉽게 해낼 수 있다는 격려가 그분에게 큰 동기부여가 되었던 것 같습니다.

Q '쉽다'고 들었을 때와 '어렵다'고 들었을 때, 당신의 도전 의지는 어떻게 달라졌나요?

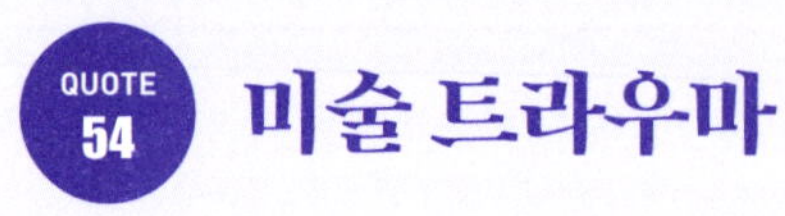

미술 트라우마

Criticism is dangerous, because it wounds a person's precious pride, hurts his sense of importance, and arouses resentment.

Criticism is dangerous, because it wounds a person's precious

pride, hurts his sense of importance, and arouses resentment.

비판은 상대의 소중한 자존심을 상하게 하고, 존재감을 훼손하며, 분노를 일으키기 때문에 위험합니다.

비판은 상대의 소중한 자존심을 상하게 하고, 존재감을 훼손하며,

분노를 일으키기 때문에 위험합니다.

I didn't mean to wound your pride.
당신의 자존심을 상하게 할 의도는 아니었어요.

Her harsh words really wounded his pride.
그녀의 날카로운 말은 그의 자존심에 큰 상처를 주었다.

미술 시간이 너무 싫다는 학생이 있었습니다. 이유를 물어보니, 학교 미술 시간에 열심히 그림을 그리고 있었는데 선생님이 갑자기 본인 그림을 들고 교실 앞으로 나가시더니 "얘들아, 이렇게 그리면 절대 안 되는 거야. 알겠지?"라고 말하며 공개적으로 창피를 주셨다는 겁니다.

그때 너무 창피해서 얼굴을 들 수 없었고, 그 이후로 미술 시간은 트라우마가 되어서 40대가 된 지금까지도 그림 그리는 게 싫다는 겁니다. 무심코 던진 비판 한마디가 누군가에게는 평생 지워지지 않는 상처로 남습니다.

Q 당신은 누군가를 비판할 때 어떤 점을 가장 주의하나요?

눈물의 삼겹살

Let the other person save face.

Let the other person save face.

상대방이 체면을 세울 수 있게 하라.

상대방이 체면을 세울 수 있게 하라.

He lied to save face.
그는 체면을 지키기 위해 거짓말을 했다.

They changed the story to save face.
그들은 체면을 지키기 위해 이야기를 바꿨다.

20대 시절. 18만 원짜리 고시원에 살면서 배우가 되겠다며 여기저기 오디션을 보고 다닐 때 대부분의 친구들은 회사에 들어가 안정된 월급을 받으며 어른이 되어가고 있었습니다. 어느 날 친구 2명에게서 저녁 먹자는 연락을 받았습니다. 돈이 없던 저는 애써 바쁜 척하며 내일 중요한 오디션이 있어서 못 간다고 둘러댔습니다. 그런데 몇만 원이 없어서 거짓말하는 제 모습에 순간 울음이 터지고 말았습니다. 그렇게 고시원 방에서 한창 울고 있는데 다시 친구에게 연락이 왔습니다. "야! 그냥 나와!" 아마 친구는 제 사정을 알고 있었던 것 같습니다. 결국 못 이긴 척 저는 나갔고, 애써 모른 척하며 저에게 삼겹살과 소주를 사줬던 그 친구들의 마음이 지금도 고맙습니다.

Q 누군가가 당신의 체면을 지켜준 경험이 있나요? 그때 어떤 기분이었나요?

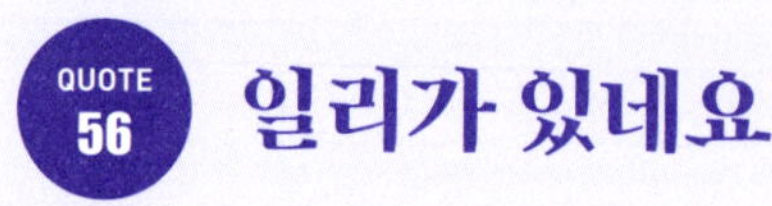

일리가 있네요

Call attention to people's mistakes indirectly.

Call attention to people's mistakes indirectly.

사람들의 실수를 간접적으로 지적하라.

사람들의 실수를 간접적으로 지적하라.

The teacher called attention to the rules.
선생님이 규칙에 주의를 끌었어요.

The campaign called attention to climate change.
그 캠페인은 기후 변화에 관심을 끌었어요.

국어 선생님이 갑자기 돌발 질문을 던지셨습니다. 너무 예상치 못한 질문이라 순간 당황했고, 에라 모르겠다는 마음으로 대충 내뱉었습니다. 무슨 뚱딴지같은 소리냐고 크게 혼이 나겠다고 생각하고 있었는데 선생님은 "음…, 어떤 면에서는 그 말도 일리가 있네요."라고 하시며 자연스럽게 내용을 다시 정리해 주셨습니다. 마흔이 넘은 지금까지도 그 순간을 생생히 기억하는 걸 보면 그때 기억이 참 강렬했나 봅니다. 직접적으로 지적해서 창피를 주기보다, 간접적으로 돌려서 제 체면을 지켜주시려 했던 선생님의 마음이 아직도 감사하네요.

Q 당신은 보통 다른 사람의 실수를 어떻게 지적하나요?

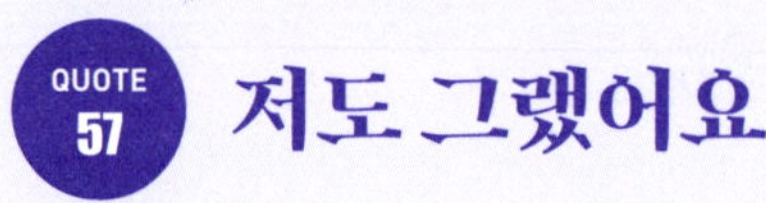

저도 그랬어요

Talk about your own mistakes before criticizing the other person.

Talk about your own mistakes before criticizing the other person.

상대방을 비판하기에 앞서 자신의 실수부터 이야기하라.

상대방을 비판하기에 앞서 자신의 실수부터 이야기하라.

People criticized the government's decision.
사람들은 정부의 결정을 비판했다.

Don't criticize him without knowing the full story.
전후 사정을 다 모르면 그를 비난하지 마.

최근에 영어 발표를 했는데 실수를 너무 많이 해서 속상하다는 학생의 하소연을 들었습니다. 그래서 제 이야기를 해줬습니다. 몇 년 전에 국제 행사에서 통역 업무를 맡았는데 연설하시는 분이 포르투갈 출신이라 유럽 악센트가 너무 강해서 도저히 알아들을 수가 없었습니다. 국회의원들까지 참여한 큰 행사에서 그렇게 통역을 망쳐버린 이야기를 해줬더니 선생님도 그런 일이 있었냐며 학생은 깔깔깔 웃었습니다. 저의 시행착오가 학생에게는 큰 위로와 공감이 되었습니다.

Q 당신의 실패 경험이 누군가에게 공감과 위로가 된 적이 있나요?

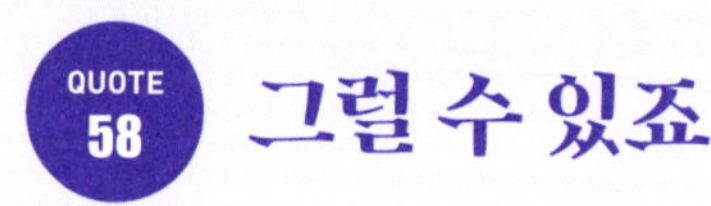

그럴 수 있죠

If you tell them they are wrong, do you make them want to agree with you? Never!

If you tell them they are wrong, do you make them want to

agree with you? Never!

상대방에게 그들이 틀렸다고 말하면, 그들이 당신 말에 동의하고 싶어질까요? 절대 그렇지 않습니다.

상대방에게 그들이 틀렸다고 말하면, 그들이 당신 말에 동의하고

싶어질까요? 절대 그렇지 않습니다.

She doesn't agree with his decision.
그녀는 그의 결정에 동의하지 않아.

Do you agree with what he said?
너는 그가 한 말에 동의해?

요즘 가장 Hot한 대화 상대가 누구인지 아시나요?

바로 AI입니다. AI와 속 깊은(?) 대화를 나누는 분들이 부쩍 많아졌습니다. 그래서 저도 해 봤습니다. 어떠한 말을 해도 AI는 절대 틀렸다고 말하지 않았습니다. 대신, "그럴 수 있죠, 충분히 자연스러운 감정이에요."처럼 다른 생각을 있는 그대로 인정해 주고, 공감해줬습니다. 맞고 틀림을 따지기보다, 공감과 이해로 다가오니 점점 대화에 빠져들 수밖에 없었습니다. 대화의 정석을 AI에게 배우고 있는 요즘입니다.

Q 상대가 나와 다른 의견을 말할 때 당신은 어떻게 대답하나요?

인간관계 vs 능력

About 15 percent of one's financial success is due to one's technical knowledge and about 85 percent is due to skill in human engineering – to personality and the ability to lead people.

About 15 percent of one's financial success is due to one's

technical knowledge and about 85 percent is due to skill in human

engineering – to personality and the ability to lead people.

경제적 성공의 약 15%는 전문 지식 덕분이고, 약 85%는 인간관계 기술 - 즉 성품과 사람을 이끄는 능력 덕분이다.

경제적 성공의 약 15%는 전문 지식 덕분이고, 약 85%는 인간관

계 기술 - 즉 성품과 사람을 이끄는 능력 덕분이다.

Her technical knowledge helped her fix the car.
그녀는 전문 지식 덕분에 자동차를 고칠 수 있었다.

Without technical knowledge, it's hard to understand the technology.
전문 지식이 없으면 그 기술을 이해하기 어려워요.

20여 년 전에 스터디그룹에서 만난 친구를 길에서 우연히 만났습니다. 철부지 20대 청년이 지금은 중후한 40대 CEO가 되어있었습니다. 다른 스터디 멤버들의 근황도 자연스럽게 묻게 되었습니다. 흥미로웠던 건, 그 시절부터 사람들을 잘 챙기고 인간관계에 진심이었던 친구들이 대부분 잘 지내고 있었습니다. 인간관계 신경 쓸 시간에 공부 한 시간 더 하는 게 중요하다는 제 개인적 신념이 흔들리는 순간이었습니다. 전문 지식도 물론 중요하지만 인간관계 능력도 인생의 성패를 좌우하는 데 큰 역할을 한다는 것을 깨달았습니다.

Q 당신은 전문 지식과 인간관계 중 어느 쪽에 더 강점이 있나요?

 **뒷담화**

I will speak ill of no man, and speak all the good I know of everybody.

I will speak ill of no man, and speak all the good I know of everybody.

나는 누구에 대해서도 험담하지 않고, 모든 사람에 대해 좋은 점만 말할 것이다.

나는 누구에 대해서도 험담하지 않고, 모든 사람에 대해 좋은 점만 말할 것이다.

I try not to speak ill of others, even when I'm angry.
화가 나도 다른 사람을 나쁘게 말하지 않으려고 해.

She always speaks ill of her coworkers behind their backs.
그녀는 항상 동료들 뒷담화를 해.

군대 시절, 저를 유독 괴롭히던 간부가 있었습니다.

유독 저에게만 사소한 일로 트집 잡고, 화풀이를 하는 것 같아서 너무 힘들었습니다. 하루는 너무 답답한 마음에 한 동료 병사에게 하소연했습니다. 다행히(?) 본인도 그 간부에게 평소 불만이 많았다며 저랑 같이 신나게 뒷담화를 하고 나니 속이 좀 풀렸습니다. 그런데 얼마 지나지 않아, 당황스러운 이야기를 들었습니다. 같이 욕했던 그 동료가 다른 곳에서 제 욕을 하고 다닌다는 겁니다. 뒷담화는 잠시 시원했지만, 결국 부메랑처럼 돌아왔습니다.

Q 뒷담화를 줄이기 위해 실생활에서 어떤 방법을 쓸 수 있을까요?

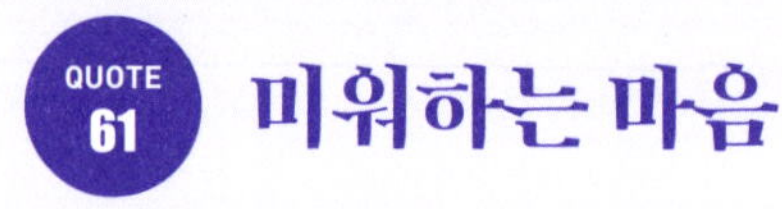

미워하는 마음

When we hate our enemies, we are giving them power over us: power over our sleep, our appetites, our blood pressure, our health, and our happiness.

When we hate our enemies, we are giving them power over us:

power over our sleep, our appetites, our blood pressure, our health,

and our happiness.

우리가 누군가를 미워할 때, 우리는 그들에게 우리를 지배할 힘을 넘겨주는 것이다. 우리의 수면, 식욕, 혈압, 건강, 그리고 행복까지도 말이다.

우리가 누군가를 미워할 때, 우리는 그들에게 우리를 지배할 힘

을 넘겨주는 것이다. 우리의 수면, 식욕, 혈압, 건강, 그리고 행복까

지도 말이다.

She gave him power over all her financial decisions.
그녀는 자신의 모든 재정 결정을 그에게 맡겼습니다.

Don't give anyone power over your happiness.
누구에게도 당신의 행복을 좌지우지할 권한을 주지 마세요.

한창 영어 강사 면접을 보러 다니던 시절, 갑자기 면접관이 영어 강의가 아닌 노래를 시켰습니다. 순간 당황했지만 원래 그러는 줄 알고 순진한 마음에 노래를 진짜 했습니다. 제 노래를 들으며 재미있다는 듯이 면접관은 웃었습니다. 그리고 연락은 오지 않았습니다. 순진하게 호구처럼 놀림당했다는 생각에 한동안 일에 집중하기도 어려웠습니다. 그런데 그날 당한 것도 너무 억울한데, 몇 날 며칠을 계속 분노하면서 허비하는 제 시간과 에너지가 너무 아깝다는 생각이 들었습니다. 그 이후로는 누군가를 미워하는 마음이 들 때면 저 자신에게 더 집중하려고 합니다.

Q 누군가를 미워한 경험이 당신의 일상이나 건강에 영향을 준 적이 있나요?

잠수 이별

Instead of condemning people, let's try to understand them.

Instead of condemning people, let's try to understand them.

사람을 비난하기보다는 이해하려고 노력해보자.

사람을 비난하기보다는 이해하려고 노력해보자.

Many people condemned him for lying to the public.
많은 사람이 그가 대중에게 거짓말한 것을 비난했다.

It's easy to condemn someone without knowing their story.
그 사람의 사정을 모르면 쉽게 비난할 수 있다.

만나던 연인에게 '잠수 이별'을 당한 적이 있습니다. 저는 큰 문제 없이 잘 지내고 있다고 생각했는데 아무런 이유도 듣지 못한 채 갑자기 연락이 끊겨서 한동안 원망스러운 마음이 가득했습니다. 그런데 시간이 흐르면서 그분에 대한 원망보다는 저 자신을 돌아보게 되었습니다. 혹시 내가 너무 이기적으로 행동하고, 상대의 감정은 살피지 못했던 건 아닌지. 떠날 수밖에 없는 나름의 이유가 분명히 있었을 거란 생각이 들었습니다. 그 이후로는 누군가를 비난하기 전에 꼭 그 사람의 입장에서 한 번 더 생각해보려고 합니다. 분명히 그럴만한 이유가 있을 테니까요.

Q 상대를 이해하려는 태도가 관계를 회복시킨 경험이 있나요?

악플 테러

Remember that unjust criticism is often a disguised compliment.

Remember that unjust criticism is often a disguised compliment.

억울한 비판은 종종 가장된 칭찬임을 기억하라.

억울한 비판은 종종 가장된 칭찬임을 기억하라.

Her smile was a disguised expression of sadness.
그녀의 미소는 감춰진 슬픔의 표현이었다.

The compliment was actually a disguised insult.
그 칭찬은 사실 위장된 모욕이었다.

"이상하게 영어 가르치네?"

제 SNS 채널은 먹방 같은 자극적인 채널이 아니고, 담백한 교육 채널이다 보니 교양(?)있는 댓글들이 많이 달리는 편이었는데, 어느 날부터 이상한 악플들이 슬슬 보이기 시작했습니다. 매주 정성껏 콘텐츠를 만드는데 그런 악플들을 보면 속상하고 힘이 빠졌습니다.

하도 속상해서 한 친구에게 하소연했더니, 뜻밖의 말을 들었습니다.

"악플보다 더 무서운 게 무플이야. 너한테 관심이 있으니 악플다는 거야."

그때야 마음이 좀 편해졌습니다. 악플도 관심의 또 다른 얼굴이었습니다.

Q 악의적인 비판과 건설적인 비판은 어떻게 구분할 수 있을까요?

퍼주는 기쁨

The only way to find happiness is not to expect gratitude, but to give for the joy of giving.

The only way to find happiness is not to expect gratitude, but to give for the joy of giving.

행복을 찾는 유일한 방법은 감사받기를 기대하지 않고 주는 기쁨을 위해 베푸는 것이다.

행복을 찾는 유일한 방법은 감사받기를 기대하지 않고 주는 기쁨을 위해 베푸는 것이다.

the only way to + 동사 원형 ~하기 위한 유일한 방법

The only way to lose weight is to eat less and move more.
살을 빼는 유일한 방법은 덜 먹고 더 많이 움직이는 것이다.

The only way to learn a language is to practice it every day.
언어를 배우는 유일한 방법은 매일 연습하는 것이다.

제 아내는 사람 만나는 걸 참 좋아해서 평소에 주변 친구들과 잘 어울려 지냅니다. 서로 집에 초대해서 밥도 먹고, 주말에 아이들 데리고 같이 놀러도 다녔습니다. 그런데 제 아내는 워낙 남들에게 베푸는 걸 좋아해서 무엇이든 좀 더 챙겨주는 편인데, 문득 우리만 너무 퍼주는 건 아닌가 하는 생각이 들었습니다. 그래서 그 부분에 대해 아내에게 조심스럽게 말했더니 그냥 주는 거 자체가 좋아서 퍼주는 거라며 아깝단 생각이 들지 않는답니다. 갑자기 아내가 달리 보였습니다. 저도 '주는 기쁨'을 배워야겠습니다.

Q 누군가에게 베풀었을 때, 그 사람이 고마워하지 않아도 괜찮았던 경험이 있나요?

증명의 역설

If you are going to prove anything, don't let anybody know it.

If you are going to prove anything, don't let anybody know it.

무언가를 증명하려 한다면, 그 사실을 누구에게도 알리지 말라.

무언가를 증명하려 한다면, 그 사실을 누구에게도 알리지 말라.

Please let me know if you're coming to the meeting.
회의에 올 건지 알려줘.

I'll let you know as soon as I get the results.
결과 나오면 바로 알려줄게.

서로 다른 육아 방식 때문에 아내와 실랑이할 때가 있습니다.

예를 들어 아이가 울 때 아내는 곧바로 안아서 달래주지만, 저는 스스로 진정할 힘도 기를 필요가 있다고 생각해서 곧바로 안아주지 않습니다. 이런 일로 언쟁이 시작되면 저는 심리학 자료까지 찾아가며 논리로 반박하려 들었고, 결국 싸움으로 번져 버리기 일쑤였습니다. 하지만 요즘은 "그렇게 하는 것도 좋은 방법 같네."라고 먼저 말해봅니다. 신기하게도 제가 먼저 그렇게 말하면 아내도 저에게 부드럽게 말해줍니다. 내가 상대에게 옳다는 걸 증명하려 들지 않을 때, 비로소 진짜 대화가 시작된다는 걸 느끼는 요즘입니다.

Q 누군가에게 내가 옳다는 걸 증명하려다가 관계가 나빠진 경험이 있나요?

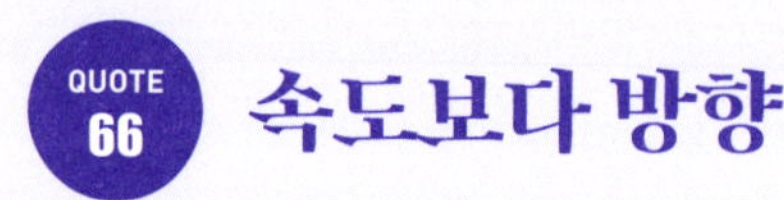

속도보다 방향

Be more concerned with your character than with your reputation, for your character is what you are, while your reputation is merely what others think you are.

Be more concerned with your character than with your

reputation, for your character is what you are, while your

reputation is merely what others think you are.

평판보다 인격에 더 신경 써라. 인격은 당신이 누구인지를 나타내고, 평판은 다른 사람들이 당신을 어떻게 생각하는지를 나타낸다.

평판보다 인격에 더 신경 써라. 인격은 당신이 누구인지를 나타내고, 평판은 다른 사람들이 당신을 어떻게 생각하는지를 나타낸다.

He is mainly concerned with customer satisfaction.
그는 주로 고객 만족에 신경을 쓴다.

Many teens are concerned with their appearance.
많은 10대 청소년은 자기 외모에 신경을 많이 쓴다.

"자극적인 썸네일이나 제목으로 어그로 좀 끌어봐."

처음 유튜브를 시작했을 때, 조회수가 좀처럼 오르지 않으니 주변 지인들에게서 이런 얘기를 자주 들었습니다. 하지만 조회수 때문에 제 기본 신념까지 무너뜨릴 순 없다고 생각했습니다. 조금 느리더라도, 제가 믿는 방식대로 꾸준히 가보기로 했습니다. 다행히도 제 콘텐츠를 좋아해 주는 분들이 하나둘씩 생기기 시작했고, 입소문도 퍼지면서 나름 건실하게 채널을 성장시킬 수 있었습니다. 진심과 태도에 온전히 집중하면 좋은 평판은 자연스럽게 따라온다는 것을 그때 알았습니다.

Q 평판을 의식하다 자기 자신을 잃어본 경험이 있나요?

잘되는 사람은 이유가 있다

If you want enemies, excel your friends; but if you want friends, let your friends excel you.

If you want enemies, excel your friends; but if you want

friends, let your friends excel you.

적을 만들고 싶다면 친구보다 뛰어나세요. 하지만 친구를 만들고 싶다면 친구가 당신보다 더 뛰어나게 하세요.

적을 만들고 싶다면 친구보다 뛰어나세요. 하지만 친구를 만들고 싶다면 친구가 당신보다 더 뛰어나게 하세요.

She always tries to excel in everything she does.
그녀는 항상 무슨 일이든 최고가 되려고 한다.

If you want to excel at public speaking, you need regular practice.
대중 연설에서 뛰어나고 싶다면 꾸준한 연습이 필요하다.

"동곤 쌤! 시간 되시면 저녁 식사 한번 가능하실까요?"

업계에서 꽤 유명한 영어 강사님이 갑자기 식사하자며 연락을 주셨습니다. 너무 바쁘신 분이라 갑자기 약속 취소가 되는 건 아닌지 걱정하는 마음으로 약속 장소에 갔는데 이미 저보다 먼저 도착해서 기다리고 계셔서 1차 당황했습니다. 그리고 평소에 제 강의 영상을 즐겨보는데 강의 콘텐츠나 티칭 방식이 너무 좋아서 배우고 싶은 게 많다며 예상 밖의 극찬을 해주셔서 재차 당황. 본인을 낮추고, 상대를 세워주는 그분의 겸손한 태도를 보며 잘 되는 사람은 다 이유가 있다는 것을 알게 되었습니다.

Q 상대를 더 돋보이게 만드는 태도가 왜 관계를 좋게 할까요?

커피챗

The surest way to antagonize an audience is to indicate that you consider yourself to be above them.

The surest way to antagonize an audience is to indicate that

you consider yourself to be above them.

청중을 적대시하게 만드는 가장 확실한 방법은 당신이 스스로 그들보다 우위에 있다고 여긴다는 인상을 심어 주는 것입니다.

청중을 적대시하게 만드는 가장 확실한 방법은 당신이 스스로 그들보다 우위에 있다고 여긴다는 인상을 심어 주는 것입니다.

The surest way to succeed is to never give up.
성공하는 가장 확실한 방법은 절대 포기하지 않는 것이다.

The surest way to learn English is to use it every day.
영어를 배우는 가장 확실한 방법은 매일 사용하는 것이다.

평소에 즐겨보던 유튜브 채널이 하나 있었습니다. 영상 스타일도 너무 좋고, 무엇보다 진심이 느껴져서 꼭 한 번 운영자를 만나보고 싶은 마음에 용기 내어 '커피챗'을 신청해봤는데 그분이 흔쾌히 수락을 해주셨습니다. 설레는 마음으로 약속 장소로 향했고, 2시간 동안의 만남을 가졌습니다. 그분이 영상 속에서 보여줬던 진정성과 열정을 제대로 느낄 수 있겠다는 기대감으로 대화를 시작했지만, 제 기대감이 너무 컸던 것 같습니다. 정작 2시간 내내 들었던 건 그분의 자기 자랑과 다른 경쟁 유튜버들에 대한 개인적 비난이었습니다. 또 한 번의 커피챗은 쉽지 않을 것 같습니다.

Q 상대방과의 거리를 좁히려면 어떤 태도가 필요할까요?

You must have a good time meeting people if you expect them to have a good time meeting you.

You must have a good time meeting people if you expect them to have a good time meeting you.

상대가 당신을 만나 즐겁기를 바라려면, 먼저 당신이 그 만남을 즐겨야 한다.

상대가 당신을 만나 즐겁기를 바라려면, 먼저 당신이 그 만남을 즐겨야 한다.

I expect this meeting to end by 3 p.m.
나는 이 회의가 오후 3시까지 끝날 거라고 예상한다.

Do you really expect me to believe that story?
네가 그 이야기를 내가 믿을 거라고 진짜 생각하니?

주말마다 어린 아들과 놀아주는 게 쉽지 않을 때가 많습니다. 그래서 평소에 아이들을 잘 돌보는 지인에게 조언을 구한 적이 있습니다. 답은 간단했습니다. 놀아주려고 하지 말고, 같이 놀아야 한답니다. 돌이켜보니 아이와 축구공을 차며 놀 때는 저도 즐거웠고, 아이도 덩달아 신나게 즐겼던 것 같습니다. 사실 제가 축구를 좋아하거든요. 그래서 이제는 아이와 놀아줄 때 저도 함께 즐길 수 있는 놀이를 찾아봅니다. 제가 먼저 즐거워야 상대도 즐거우니까요.

Q 누군가를 만나기 전에 나만의 기분 전환 루틴이 있나요?

빠른 인정과 사과

If you are wrong, admit it quickly and emphatically.

If you are wrong, admit it quickly and emphatically.

당신이 틀렸다면, 빠르고 강하게 인정하라.

당신이 틀렸다면, 빠르고 강하게 인정하라.

I emphatically agree with your point.
나는 당신의 의견에 전적으로 동의합니다.

The teacher emphatically told the students to be quiet.
선생님은 학생들에게 조용히 하라고 단호히 말했다.

"선생님 발음이 잘못된 것 같아요."

한 구독자가 제 유튜브 강의에서 특정 단어의 발음이 틀렸다는 댓글을 남긴 적이 있습니다.

당황해서 얼른 검색해봤는데 진짜 제 발음이 틀렸습니다. 순간 고민이 됐습니다. '모른 척 할까? 댓글 삭제를 할까?' 잠시 고민 끝에 결국 시원하게 실수를 인정하고 사과 댓글을 남기기로 했습니다. 그런데 걱정과 다르게 비판보다는 힘이 되는 격려 댓글들이 많이 올라왔습니다. 어설픈 변명보다 빠른 인정이 더 큰 신뢰를 줄 수 있다는 것을 그때 배웠습니다.

Q 실수를 인정했을 때와 변명했을 때, 상대의 반응 차이를 느낀 적이 있나요?

캄캄한 수업

If there is any one secret of success, it lies in the ability to get the other person's point of view and see things from that person's angle.

If there is any one secret of success, it lies in the ability to get the

other person's point of view and see things from that person's angle.

성공의 비결이 있다면, 그것은 타인의 입장에서 보고 생각할 수 있는 능력에 있다.

성공의 비결이 있다면, 그것은 타인의 입장에서 보고 생각할 수 있는 능력에 있다.

She always sees things from her own angle.
그녀는 항상 자기 입장에서만 봐.

I tried to see things from his angle before making decisions.
결정을 내리기 전에 그의 관점에서 보려고 노력했어요.

시각 장애가 있는 분에게 영어 강의 의뢰가 들어온 적이 있습니다.

장애가 있는 학생을 가르쳐 본 경험이 없어서 처음에는 정중하게 거절을 했지만 너무 간절히 원하시는 바람에 결국 수업을 맡게 되었습니다. 기초 문법부터 시작했습니다. 초반에는 순조롭게 진행되는 듯하더니 현재완료 시제에서 막혀버렸습니다. 여러 번 설명해도 어려워하셔서, 드디어 올 게 왔구나 하는 생각이 들었습니다. 그때 문득 '나도 눈을 감아볼까?'라는 생각이 들었습니다. 눈을 감고 캄캄한 어둠 속에서 형광색 펜으로 그림을 그리듯 천천히 설명했더니 드디어 이해하시기 시작했습니다. 사실 눈 감고 설명했다고 말씀드렸더니 그분이 웃으시며 한마디를 날리셨습니다. "선생님, 그게 바로 공감이에요."

Q 다른 사람의 입장에서 생각하려면 어떤 노력이 필요할까요?

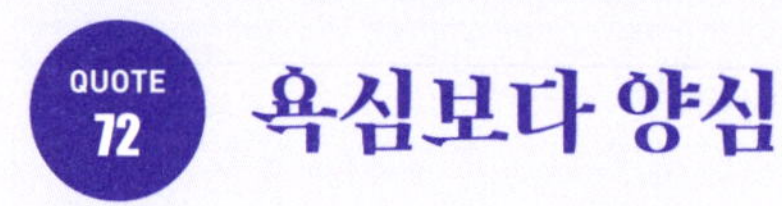

욕심보다 양심

The world is full of people who are grabbing and self-seeking. So the rare individual who unselfishly tries to serve others has an enormous advantage.

The world is full of people who are grabbing and self-seeking.

So the rare individual who unselfishly tries to serve others has an

enormous advantage.

세상은 욕심 많고 이기적인 사람들로 가득 차 있다. 그래서 이타적으로 남을 돕고자 하는 드문 사람은 엄청난 이점을 갖는다.

세상은 욕심 많고 이기적인 사람들로 가득 차 있다. 그래서 이타적으로 남을 돕고자 하는 드문 사람은 엄청난 이점을 갖는다.

be full of ~로 가득 차 있다

The box is full of old photos.
그 상자에는 오래된 사진들이 가득해.

Her heart is full of kindness and generosity.
그녀의 마음은 친절과 관대함으로 가득하다.

인터넷 쇼핑몰에서 5만 원짜리 물건을 주문했습니다. 며칠 후 물건을 잘 받았는데 갑자기 "주문 취소, 환불 완료"라는 문자가 왔습니다. 무언가 이상해서 판매자에게 연락했더니 실수로 주문 취소를 해버렸다는 겁니다. 그리고 본인 실수이니 그냥 무료로 쓰라는 답변을 받았습니다. 처음에는 이게 웬 횡재인가 싶었는데 계속 마음이 편치 않았습니다. 결국 다시 전화를 걸어서 입금 계좌를 알아낸 후 5만 원을 입금했더니 판매자는 너무 감사하다며 연신 감사 인사를 했습니다. 이 이야기를 몇몇 지인들에게 했더니 굳이 그럴 필요가 있었냐는 말을 들었습니다. 저 같은 사람도 있어야 그분들도 장사할 맛 나지 않겠습니까.

Q **'양심'과 '손해'가 충돌할 때, 여러분은 무엇을 선택하나요?**

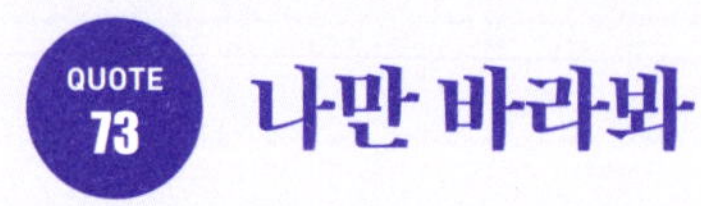 나만 바라봐

Exclusive attention to the person who is speaking to you is very important. Nothing else is so flattering as that.

Exclusive attention to the person who is speaking to you is very important. Nothing else is so flattering as that.

당신과 이야기하고 있는 사람에게 온전히 집중하는 것이 매우 중요하다. 그보다 더 상대를 기쁘게 하는 것은 없다.

당신과 이야기하고 있는 사람에게 온전히 집중하는 것이 매우 중요하다. 그보다 더 상대를 기쁘게 하는 것은 없다.

He flattered his boss to get a promotion.
그는 승진하려고 상사에게 아첨했어.

Don't flatter her too much. She won't believe it.
그녀한테 너무 아첨하지 마. 안 믿을 거야.

중요한 계약서 작성을 위해 모회사 대표님과 최종 미팅을 한 적이 있습니다. 자리에 앉자마자 주머니에서 핸드폰을 꺼내시더니 가방에 넣으셨습니다. 보통은 테이블 위에 두거나 주머니에 넣는 경우가 많은데, 가방 안에 넣는 건 처음 봤습니다. 그 작은 행동 하나가 얼마나 큰 신뢰를 주는지 직접 경험하는 순간이었습니다. 겉으로 말씀은 안 하셨지만 '당신에게만 온전히 집중하겠습니다.'라는 말로 들렸습니다. 더 이상의 설명을 들을 필요 없이 바로 계약서에 사인을 하고 나왔습니다.

Q 다음 만남에서 '온전한 집중'을 보여줄 수 있는 방법은 무엇일까요?

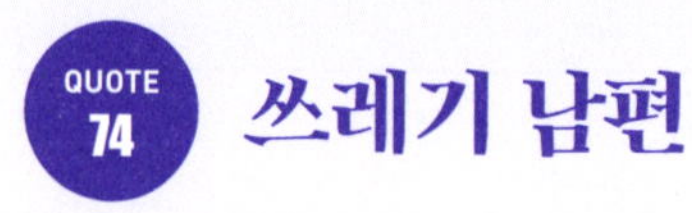

쓰레기 남편

God himself, sir, does not propose to judge man until the end of his days. Why should you and I?

God himself, sir, does not propose to judge man until the end of his days. Why should you and I?

하나님도 인간을 그의 인생이 끝날 때까지 심판하지 않으신다. 그렇다면 왜 당신과 내가 심판하려 드는가?

하나님도 인간을 그의 인생이 끝날 때까지 심판하지 않으신다. 그렇다면 왜 당신과 내가 심판하려 드는가?

I will stay here until the end of the meeting.
나는 회의가 끝날 때까지 여기 있을 거야.

He worked with me until the end of the project.
그는 프로젝트가 끝날 때까지 저와 함께 일했어요.

SNS에 소소한 부부싸움 이야기를 올린 적이 있습니다. 예상외로 조회수가 40만을 넘기며 대박이 났습니다. 그와 동시에 저에 대한 수많은 악플이 올라왔습니다. '쓰레기 남편'이라며 제 인생 전체를 단정 짓는 말들도 많았습니다. 얼굴도 모르는 사람들한테 제 인생이 송두리째 폄하된 것 같아서 너무 억울했습니다. 그런데 한편으로는 저 또한 그렇게 상황 일부분만 보고 누군가의 인생을 쉽게 판단한 적은 없었나 하고 반성했습니다. 누구의 삶이든 끝까지 가보지 않으면 아무도 모르니까요.

Q 누군가를 끝까지 지켜본 후 생각이 바뀌었던 경험이 있나요?

양보가 준 선물

By fighting you never get enough, but by yielding you get more than you expected.

By fighting you never get enough, but by yielding you get

more than you expected.

맞서 싸워서는 결코 충분히 얻지 못하지만, 양보하면 기대 이상을 얻게 된다.

맞서 싸워서는 결코 충분히 얻지 못하지만, 양보하면 기대 이상을

얻게 된다.

She yielded her seat to the old man.
그녀는 노인에게 자리를 양보했다.

He didn't want to yield control of the company.
그는 회사의 통제권을 양보하고 싶어 하지 않았다.

집 계약 며칠을 앞두고, 상대 매수인으로부터 연락이 왔습니다. 급한 사정이 생겼다며 계약 시간을 2시간만 늦춰달라는 부탁이었습니다. 하지만 이미 그 시간에 맞춰서 대출, 이사, 공과금 정리 같은 모든 스케줄을 맞춰놓은 상황이라 정중히 거절했습니다. 하지만 지속적인 부탁에 결국 양보해 드렸고, 저도 어렵게 업체들과 시간을 조정했습니다. 그런데 다음날, 기적 같은 일이 벌어졌습니다. 사실 새집 인테리어 때문에 2주 동안 머물 임시 거처가 필요했는데, 현재 사는 곳에서 2주 더 무료로 머물다가 나가도 된다는 매수인의 연락을 받았습니다. 2시간 양보해서, 2주의 평안을 얻었습니다.

Q 양보해서 이익이 된 경험이 있다면, 어떤 경험인가요?

 **쓴소리**

Don't be afraid of enemies who attack you. Be afraid of the friends who flatter you.

Don't be afraid of enemies who attack you. Be afraid of the friends who flatter you.

당신을 공격하는 적을 두려워하지 마라. 당신에게 아첨하는 친구를 두려워하라.

당신을 공격하는 적을 두려워하지 마라. 당신에게 아첨하는 친구를 두려워하라.

She's afraid of speaking English.
그녀는 영어로 말하는 걸 무서워해요.

He's afraid of making mistakes in front of others.
그는 다른 사람들 앞에서 실수하는 걸 두려워한다.

한참 연락이 끊긴 친구가 한 명 있습니다.

다른 친구들과는 다르게 그 친구만 유독 저에게 '불편한 말'을 자주 했었거든요. 칭찬보다는 지적이 많았고, 그게 반복되다 보니 점점 마음에서 멀어졌습니다. 그런데 요즘 들어서 그 친구가 했던 쓴소리들이 문득문득 생각납니다. 놀랍게도 대부분 맞는 말이 많았습니다. 제가 회피하고 싶었던 저의 미숙한 부분들이었습니다. 저에게 좋은 소리만 했던 친구들보다 쓴소리를 했던 그 친구가 오히려 더 고맙게 느껴졌습니다. 조만간 용기 내서 연락해봐야겠습니다.

Q 당신은 쓴소리하는 친구와 칭찬만 하는 친구 중 누구를 더 가까이 하나요?

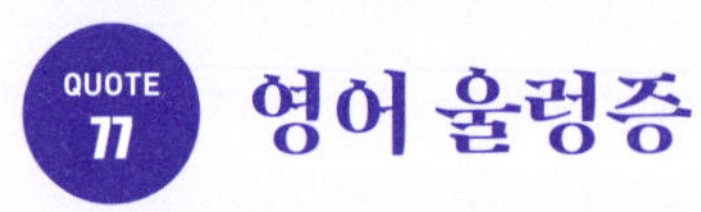

영어 울렁증

When dealing with people, let us remember we are not dealing with creatures of logic. We are dealing with creatures of emotion.

When dealing with people, let us remember we are not dealing with creatures of logic. We are dealing with creatures of emotion.

사람을 대할 때, 우리는 논리적인 존재가 아니라 감정적인 존재를 대하고 있다는 사실을 기억하자.

사람을 대할 때, 우리는 논리적인 존재가 아니라 감정적인 존재를 대하고 있다는 사실을 기억하자.

deal with ~을 다루다

He's really good at dealing with children.
그는 아이들을 잘 다뤄요.

She knows how to deal with difficult customers.
그녀는 까다로운 고객들을 상대하는 방법을 잘 알아요.

영어 울렁증이 있는 학생이 있었습니다. 중학교 때 영어 수업 시간에 발음을 지적받은 게 큰 트라우마로 남아 있었습니다. 그래서 이분과 수업할 때는 틀린 부분에 대해 논리적으로 설명하기보다는 "괜찮아요. 천천히 다시 해볼까요?"라고 말하며 영어에 대한 감정을 먼저 보듬어주려 했습니다. 그렇게 점점 영어에 대한 울렁증은 줄고, 편안한 감정이 올라오면서 조금씩 영어 말문이 열리기 시작했습니다. 사람은 논리로 움직이지 않고, 감정으로 움직입니다.

Q **'논리적인 해결'이 오히려 역효과를 낸 경험이 있나요?**

공허한 승리

If you argue and rankle and contradict, you may achieve a victory sometimes; but it will be an empty victory because you will never get your opponent's good will.

If you argue and rankle and contradict, you may achieve a

victory sometimes; but it will be an empty victory because you

will never get your opponent's good will.

괜히 언쟁하고 따지고 들면 가끔은 이길 수 있습니다. 하지만 그것은 상대의 호의를 잃은 '공허한 승리'일 뿐입니다.

괜히 언쟁하고 따지고 들면 가끔은 이길 수 있습니다. 하지만 그것은 상대의 호의를 잃은 '공허한 승리'일 뿐입니다.

she achieved a victory in the national competition.
그녀는 전국 대회에서 승리를 차지했다.

He trained hard to achieve a victory in the marathon.
그는 마라톤에서 승리하기 위해 열심히 훈련했다.

얼마 전에 아내와 마트에 가는데 아내가 평소와 다른 길로 갔습니다. 왜 먼 길로 가냐고 물었더니, 본인이 가는 길이 더 빠르다는 겁니다. 딱 봐도 아닌 것 같아서 몇 번의 실랑이 끝에 인터넷 지도를 바로 켜서 보여줬습니다. 결국 제 말이 맞았습니다. 그런데 분위기가 갑자기 냉랭해졌습니다. 그 짧은 승리로 얻은 건, 아내의 기분 나빠진 표정이었습니다. 이렇게 백 번, 천 번 이긴들 분위기만 싸해지는 '공허한 승리'가 무슨 의미가 있나 하는 생각이 들었습니다.

Q 저쳤더니 오히려 더 큰 신뢰를 얻었던 경험이 있나요?

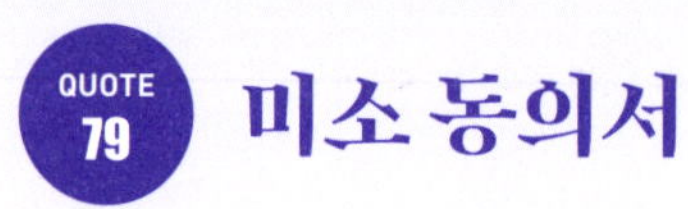 미소 동의서

A smile costs nothing, but creates much.

A smile costs nothing, but creates much.

미소는 돈이 들지 않으면서도 많은 것을 얻을 수 있다.

미소는 돈이 들지 않으면서도 많은 것을 얻을 수 있다.

This jacket cost only 30 dollars.
이 재킷은 30달러밖에 안 들었어요.

It cost me a lot of money to repair the car.
차를 수리하는 데 돈이 많이 들었어요.

집 인테리어 공사를 위해 아파트 입주민 동의서를 받아야 했습니다.

요즘은 층간 소음으로 이웃 간 갈등이 많다 보니, 공사 전에 미리 동의를 구하고 공사를 시작해야 한답니다. 불미스러운 일을 막기 위해 사람을 고용해서 대신 동의서를 받는 경우가 많지만, 어차피 앞으로 이웃사촌이 될 분들이기에 인사도 하고, 비용도 아낄 겸 제가 직접 동의서를 받기로 했습니다. 떨리는 마음으로 한껏 미소를 지은 채 조심히 초인종을 눌렀습니다. 처음에는 경계하는 눈빛으로 보셨지만 더 활짝 미소 지으며 설명드렸더니 대부분 흔쾌히 서명을 해주셨습니다. 미소 덕분에 인건비 아낀 하루였습니다.

Q 최근에 미소 한 번으로 상황이 부드러워진 경험이 있었나요?

____

____

____

____

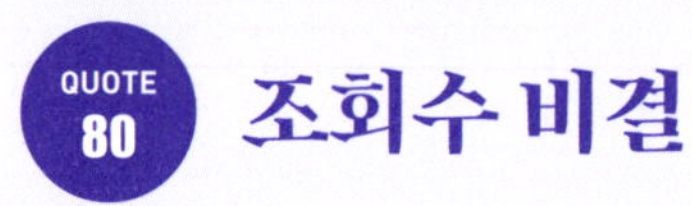

조회수 비결

Try your best to develop an ability to let others look into your head and heart.

Try your best to develop an ability to let others look into your head and heart.

다른 사람들이 당신의 머릿속과 가슴속을 들여다볼 수 있게 하는 능력을 길러보세요.

다른 사람들이 당신의 머릿속과 가슴속을 들여다볼 수 있게 하는 능력을 길러보세요.

She tried her best to stay calm.
그녀는 침착하기 위해 최선을 다했어요.

I'll try my best to explain it in simple words.
최대한 쉽게 설명해볼게요.

유튜브 비디오를 1,000개 이상 만들면서 한 가지 재미있는 발견을 했습니다.

멋있어 보이려고 힘을 잔뜩 준 콘텐츠들은 대부분 조회수가 낮았고, 그냥 마음 가는 대로 솔직 담백하게 꾸밈없이 만든 콘텐츠들은 예상 외로 조회수가 높았습니다. 그런 결과를 보면서 사람들이 진정으로 원하는 건 겉으로 그럴싸하게 꾸며낸 '가식'이 아니라, 마음 깊은 곳의 '진솔함'이라는 것을 조회수가 말해주고 있었습니다.

Q '멋있어 보이려는' 마음이 오히려 역효과를 낸 경험이 있나요?

QUOTE 81 · 100세 할머니의 고백

Don't do the natural thing, the impulsive thing. That is usually wrong.

Don't do the natural thing, the impulsive thing. That is usually wrong.

본능적으로, 충동적으로 행동하지 마세요. 그런 행동은 대개 잘못되기 쉽습니다.

본능적으로, 충동적으로 행동하지 마세요. 그런 행동은 대개 잘못되기 쉽습니다.

impulsive 충동적인, 즉흥적인

He made an impulsive decision to quit his job.
그는 충동적으로 일을 그만두기로 결정했다.

Try not to be impulsive when you're angry.
화났을 땐 충동적으로 행동하지 않도록 해.

봉사활동을 갔다가 100세가 되신 할머니의 이야기를 들은 적이 있습니다.

처음에는 옛날이야기를 신나게 하시더니 갑자기 굳은 얼굴로 돌아가신 할아버지에 대해 말씀하셨습니다. 다투실 때마다 할아버지가 홧김에 충동적으로 꺼낸 말들 때문에 할머니가 상처를 많이 받으셨답니다. 시간이 흐르면 그 기억들도 잊힐 거라 생각했는데, 나이가 100살이 되어도 잊히지 않는다는 겁니다. 너무 충격적이었습니다. 상대를 배려하지 않는 충동적인 말이나 행동이 누군가에게는 얼마나 큰 상처로 남을 수 있는지 알 수 있었습니다.

Q 당신이 충동적으로 했던 말이나 행동 중, 가장 후회되는 것은 무엇인가요?

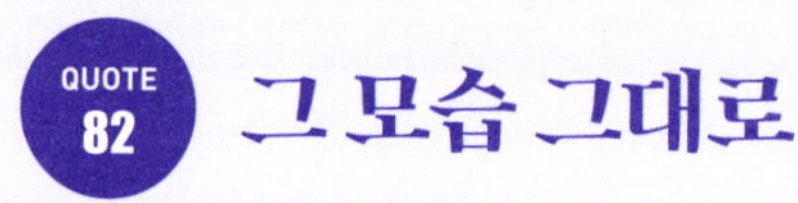

그 모습 그대로

Human nature has always been human nature—and it probably won't change in your lifetime. So why not accept it?

Human nature has always been human nature—and it probably won't change in your lifetime. So why not accept it?

인간의 본성은 예나 지금이나 인간의 본성일 뿐이며, 아마 당신 평생에도 변하지 않을 것입니다. 그러니 그냥 그것을 받아들이는 게 어떨까요?

인간의 본성은 예나 지금이나 인간의 본성일 뿐이며, 아마 당신 평생에도 변하지 않을 것입니다. 그러니 그냥 그것을 받아들이는 게 어떨까요?

Human nature doesn't change overnight.
인간의 본성은 하루아침에 변하지 않는다.

It's just human nature to want to be loved.
사랑받고 싶어 하는 건 그냥 인간 본성이다.

어릴 적부터 약속 시간에 늘 늦던 친구가 있습니다. 이 문제 때문에 학교 다닐 때 많이도 싸웠습니다. 얼마 전, 오랜만에 친구들끼리 만날 기회가 있었는데 역시나 그 친구는 기대를 저버리지 않고 또 늦었습니다. 하지만 예전과 다르게 이제는 화도, 짜증도 없이 그냥 웃음만 나왔습니다. 그 친구를 있는 그대로 인정하니 오히려 마음이 더 편해진 것 같습니다.

Q 누군가의 변하지 않는 습관이나 성향을 억지로 바꾸려다 힘들었던 경험이 있나요?

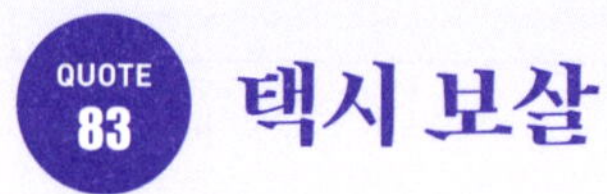

택시 보살

Every man I meet is my superior in some way. In that, I learn of him.

Every man I meet is my superior in some way. In that, I learn
of him.

내가 만나는 모든 사람은 어떤 점에서 나보다 뛰어나다. 나는 그 점을 배운다.

내가 만나는 모든 사람은 어떤 점에서 나보다 뛰어나다. 나는 그
점을 배운다.

in some way 어떤 방식으로든, 어떤 면에서든

We are all similar in some way.
우리는 모두 어떤 면에서는 비슷해요.

In some way, I think it was a good mistake.
어떤 면에서는 그게 좋은 실수였던 것 같아요.

얼마 전 택시를 타고 집에 가는데 갑자기 옆 차가 저희 앞으로 끼어드는 바람에 큰 사고가 날 뻔했습니다. 보통 이럴 때 대부분 노발대발하시는데 그날 택시 기사님은 조용히 미소만 지으셨습니다. 오히려 제가 더 흥분해서 이런 건 따져야 하는 거 아니냐고 물었습니다. "하루 종일 운전하다 보면 이런 일 비일비재합니다. 매번 그렇게 화내면 힘들어서 못 해요." 사소한 일에 쉽게 흥분하던 제 모습이 부끄러워졌습니다. 그 누구를 만나든 항상 배울 게 있는 것 같습니다.

Q 누군가의 말이나 행동이 당신의 태도를 바꿔놓은 경험이 있나요?

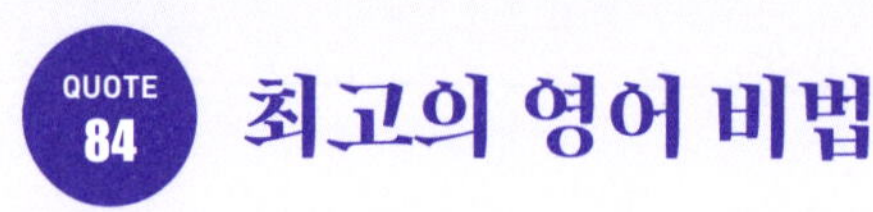

최고의 영어 비법

There is only one way to get anybody to do anything. And that is by making the other person want to do it.

There is only one way to get anybody to do anything. And that

is by making the other person want to do it.

누군가가 무언가를 하게 만들 수 있는 유일한 방법은 하나이다. 그리고 그것은 그 사람이 스스로 하고 싶게 만드는 것이다.

누군가가 무언가를 하게 만들 수 있는 유일한 방법은 하나이다.

그리고 그것은 그 사람이 스스로 하고 싶게 만드는 것이다.

I finally got my son to clean his room.
결국 아들이 방 청소를 하게 만들었어요.

She got her team to finish the project.
그녀는 팀원들이 그 프로젝트를 마치게 했어요.

영어로 제작된 영화, 게임, 팝송 같은 콘텐츠에 푹 빠져서 즐겁게 따라 하다가 영어가 트인 사람이 많습니다. 저도 미국 시트콤 〈프렌즈〉에 푹 빠져서 수십 번 돌려보면서 영어가 확 늘어서 영어 강사까지 되었습니다. '블랙 핑크'의 제니를 무척 좋아하는 학생이 있어서 제니의 영어 인터뷰 동영상으로 공부해보라고 했더니 그날부터 매일 동영상 보며 따라 해 영어가 트인 학생을 본 적도 있습니다. 스스로 하고 싶게 만드는 것만큼 강력한 동기부여는 없는 것 같습니다.

Q 영어 공부를 '해야 한다'에서 '하고 싶다'로 바꾸려면 무엇이 필요할까요?

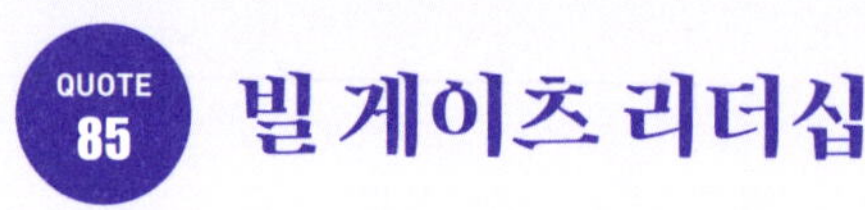

People are more likely to accept an order if they had a part in the decision that caused the order to be issued.

People are more likely to accept an order if they had a part in

the decision that caused the order to be issued.

사람들이 어떤 명령을 더 잘 받아들이는 경우는, 그 명령이 나오게 된 결정 과정에 자신이 참여했을 때이다.

사람들이 어떤 명령을 더 잘 받아들이는 경우는, 그 명령이 나오

게 된 결정 과정에 자신이 참여했을 때이다.

People are more likely to trust you if you're honest.
솔직하면 사람들이 당신을 신뢰할 가능성이 더 커.

She is more likely to say yes if you ask politely.
정중하게 부탁하면 그녀가 승낙할 가능성이 더 커.

토크쇼에서 빌 게이츠가 리더십에 대한 질문을 받았습니다. 각자의 분야에서 저보다 실력이 뛰어난 사람이 많습니다. 그래서 저는 항상 직원들에게 피드백을 구합니다. 저는 팀과 함께 문제를 해결할 때 가장 행복합니다. 원래 빌 게이츠도 초창기에는 폭군처럼 직원들을 들들 볶았던 리더였지만, 시간이 흐르면서 그게 결코 좋은 방법이 아니란 걸 깨달았다고 합니다. 이제는 독단적으로 결정을 내리기보다는 모든 팀원을 과정에 함께 참여시켜서 결정을 내렸을 때 모두가 잘 따르고 가장 좋은 결과물을 낼 수 있다고 말합니다.

Q 상사가 이미 정한 결정을 설명하는 것과, 같이 상의해서 결정하는 것의 차이는 무엇일까요?

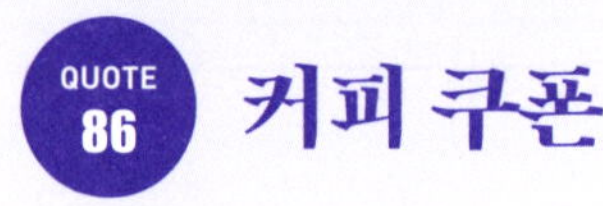

커피 쿠폰

Keep the certainty of reward before you.

Keep the certainty of reward before you.

보상의 확신을 마음에 간직하세요.

보상의 확신을 마음에 간직하세요.

keep the certainty of ~의 확신을 간직하다, ~을 항상 마음에 두다

I want to keep the certainty of my choice.
나는 내 선택에 대한 확신을 갖고 싶어.

He kept the certainty of doing the right thing.
그는 옳은 일을 하고 있다는 확신을 가졌어.

"영어 빨리 늘고 싶으면 매일 숙제하셔야 해요!"

학생들이 언제부턴가 숙제 인증을 미루기 시작했습니다. 아무리 강조해도 별 반응이 없길래 한 가지 깜짝 제안을 해봤습니다.

"이번 주부터 숙제 인증하면, 커피 쿠폰 쏩니다!"

그랬더니 다음날부터 갑자기 채팅창에 숙제 인증이 무섭게 올라오기 시작했습니다. 보상이 주는 힘은 확실히 컸습니다.

Q 당신이 최근에 무언가를 끝까지 하게 만든 '보상'은 무엇인가요?

QUOTE 87 이름의 힘

Remember that a person's name is to that person, the sweetest and most important sound in any language.

Remember that a person's name is to that person, the sweetest

and most important sound in any language.

어떤 언어로든 자기 자신의 이름은 그 사람에게 가장 듣기 좋고 중요한 소리입니다.

어떤 언어로든 자기 자신의 이름은 그 사람에게 가장 듣기 좋고

중요한 소리입니다.

Remember that failure is part of success.
실패도 성공의 일부라는 걸 기억하세요.

Remember that you don't have to do everything perfectly.
모든 걸 완벽하게 할 필요는 없다는 걸 기억하세요.

고3 때 수학 선생님은 전교생의 이름을 모두 외우셨습니다.

복도에서 마주칠 때면 언제나 미소 지으며 "○○야~" 하고 먼저 이름을 불러주시곤 했습니다.

그게 단지 이름을 부른다는 걸 넘어, '나를 알아주는구나' 하는 따뜻한 느낌으로 다가왔습니다. 딱히 말로 칭찬하거나 겉으로 드러내는 게 없어도, 이름을 기억해 주고 불러주는 것만으로도 선생님과 한층 더 가까워졌던 기억이 납니다.

Q 오늘, 당신이 이름을 먼저 불러줄 수 있는 사람은 누구인가요?

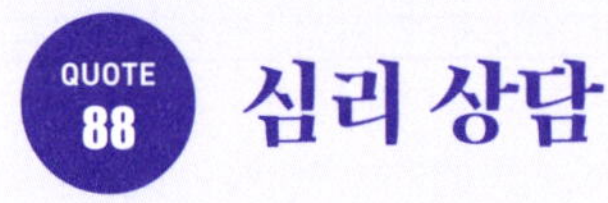

심리 상담

You cannot teach a man anything; you can only help him to find it within himself.

You cannot teach a man anything; you can only help him to
find it within himself.

사람에게 무엇인가를 가르칠 수는 없다. 그가 안에 있는 것을 스스로 발견하도록 도와줄 수 있을 뿐이다.

사람에게 무엇인가를 가르칠 수는 없다. 그가 안에 있는 것을 스스로 발견하도록 도와줄 수 있을 뿐이다.

My teacher helped me to understand the difficult grammar.
선생님이 어려운 문법을 이해하도록 도와주셨어요.

This app helps users to manage their time efficiently.
이 앱은 사용자들이 시간을 효율적으로 관리하도록 도와줘요.

처음 심리 상담을 시작할 때 기대가 컸습니다. 고민을 털어놓으면 상담사가 명쾌한 해결책을 줄 거라 생각했습니다. 그런데 상담사는 답을 주기는커녕 늘 저에게 "그렇군요. 그럼 어떻게 하는 게 좋을까요?"라고 되묻기만 했습니다. '이럴 거면 내가 왜 돈 내고, 시간 내서 상담을 받나' 하는 회의감까지 들기도 했습니다. 그러기를 3년. 어느 순간 저는 제 고민을 꺼내면서 스스로 해결책까지 말하고 있는 저 자신을 발견했습니다. 되돌아보니 상담사는 제 안의 답을 스스로 발견할 수 있는 힘을 길러주기 위해 답을 미리 주지 않았던 겁니다.

Q 당신 안에서 아직 발견하지 못한 답은 무엇일까요?

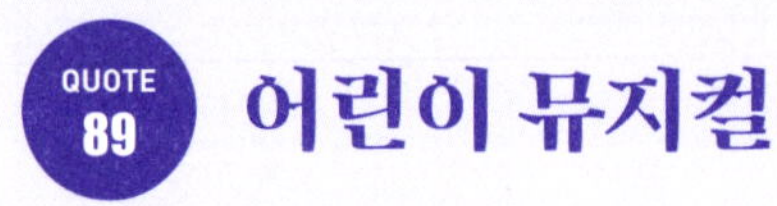

어린이 뮤지컬

Resentment caused by a brash order may last a long time –
even if the order was given to correct an obviously bad situation.

Resentment caused by a brash order may last a long time –

even if the order was given to correct an obviously bad situation.

거친 명령이 만들어낸 반감은 아주 오래갈 수 있다 - 그 명령이 명
백히 나쁜 문제를 바로잡기 위한 것이었다 해도 말이다.

거친 명령이 만들어낸 반감은 아주 오래갈 수 있다 - 그 명령이 명

백히 나쁜 문제를 바로잡기 위한 것이었다 해도 말이다.

Even if it rains tomorrow, we'll still go hiking.
내일 비가 오더라도 우리는 등산 갈 거야.

Even if he apologizes, I won't forgive him easily.
그가 사과한다고 해도 난 쉽게 용서하지 않을 거야.

어린 아역 배우들과 함께 어린이 뮤지컬에 참여한 적이 있습니다. 한 아이가 그날따라 컨디션이 안 좋았는지 연기에 집중을 못 하고 실수를 반복했습니다. 연습은 계속 지연되었고, 감독님이 갑자기 "연기가 안 되면 흉내라도 내!"라며 거칠게 소리치셨습니다. 분위기는 순식간에 얼어붙었고 그날 이후 아이는 항상 어두운 얼굴로 연습에 참여했습니다. 분명 상황을 바로잡기 위한 불호령이었지만, 그 말하는 방식은 아이에게 상처로 새겨졌습니다.

Q 당신은 화가 나거나 급할 때, 말투를 조절하기 위해 어떤 노력을 하나요?

상사의 비판

There is nothing else that so kills the ambitions of a person as criticisms from superiors.

There is nothing else that so kills the ambitions of a person as criticisms from superiors.

상사의 비판만큼 사람의 의욕을 꺾는 것은 없다.

상사의 비판만큼 사람의 의욕을 꺾는 것은 없다.

There is nothing else that fits this space.
이 공간에 맞는 건 이것뿐이야.

There is nothing else that motivates me like a deadline.
마감일만큼 나를 동기부여 시키는 건 없어.

항상 밝고 활기찬 태도로 수업에 임하던 직장인 학생이 유난히 기운이 없어 보였습니다. 며칠간 공들여 준비한 프레젠테이션을 상사 앞에서 시연했는데, 너무나 차가운 피드백을 받았다는 겁니다. 사실 그런 일이 여러 차례 쌓이다 보니 너무 지쳐서 요즘은 이 일을 그만두고 새로운 일까지 생각하고 있다는 말까지 들었습니다. 이 분야에서 묵묵히 오랫동안 쌓아왔던 그녀의 신념까지 흔들릴 만큼 상사의 말 한마디는 큰 위력을 가지고 있었습니다.

Q 비판이 필요한 상황에서도 동기부여를 할 수 있는 방법은 무엇일까요?

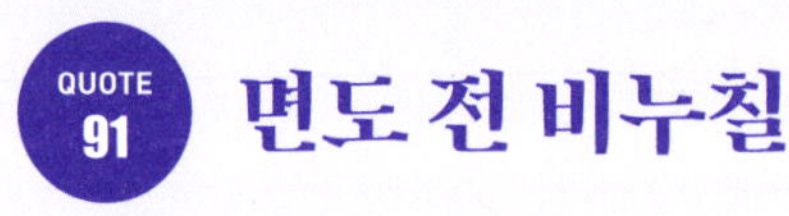

A barber lathers a man before he shaves him.

A barber lathers a man before he shaves him.

이발사가 면도하기 전에 얼굴에 비누칠을 해주는 법이다.

이발사가 면도하기 전에 얼굴에 비누칠을 해주는 법이다.

He lathered his hands and washed them well.
그는 손에 비누칠을 하고 잘 씻었어요.

I lather the mood with a kind word before giving feedback.
저는 피드백을 주기 전에 친절한 말로 분위기를 부드럽게 합니다.

충분히 비누칠을 해주고 면도를 하면 얼굴이 베이지 않습니다.

하지만 비누칠도 제대로 하지 않고 급하게 면도를 하면 베입니다. 우리가 누군가에게 피드백을 줄 때도 마찬가지 같습니다. 마음의 여유가 없을 때는 비누칠 없이 부족한 부분에 대해서만 집중적으로 지적해서 상처만 주는 경우가 많습니다. 반대로 마음의 여유를 가지고서 먼저 상대의 장점과 성장 가능성에 대해 충분히 언급한 후, 부드럽게 피드백을 주면 상대도 좋은 마음으로 납득하고, 서로에 대한 신뢰도 더 쌓을 수 있겠죠.

Q 상처 없는 피드백을 위해 가장 중요한 요소는 무엇이라고 생각하나요?

노란 사과

Give honest and sincere appreciation.

Give honest and sincere appreciation.

진심 어린 감사를 전하라.

진심 어린 감사를 전하라.

She showed her appreciation with a warm smile.
그녀는 따뜻한 미소로 감사를 표현했어요.

I want to express my appreciation for your support.
당신의 지원에 감사의 뜻을 전하고 싶어요.

제 첫 영어 과외 학생은 오래된 다세대 주택에 사는 중학교 1학년 남자아이였습니다. 초인종을 누르자 더벅머리에 두꺼운 안경을 쓴 남자아이가 힘없이 고개 숙여 인사를 했습니다. 아이는 방으로 안내했고, 냉장고에서 과일이 든 접시를 함께 꺼내왔습니다. 노랗게 갈변하긴 했지만 정성스럽게 잘라놓은 사과와 아들을 잘 부탁한다는 손 편지가 함께 있었습니다. 알고 보니 아이의 어머님이 매일 주방보조 일을 하시며 어렵게 과외비를 마련하고 계셨습니다. 그날 제가 받은 사과와 편지는 20년이 지난 지금까지 생생하게 기억이 날 정도로 어머님의 진심이 느껴졌습니다.

Q 진심 어린 감사는 어떤 방식으로 가장 잘 전달된다고 생각하나요?

Dale Carnegie's
Great Quotes to Strengthen
Everyday Life

CHAPTER 3

스피치 인사이트

열정도 전염된다

Speak with contagious enthusiasm.

Speak with contagious enthusiasm.

전염될 듯한 열정으로 말하세요.

전염될 듯한 열정으로 말하세요.

The flu is very contagious.
독감은 매우 잘 옮아요.

Her laughter was so contagious that everyone started laughing.
그녀의 웃음은 전염성이 있어서 모두가 웃기 시작했어요.

10년 전 제 강의 영상을 우연히 보게 되었습니다. 지금 돌아보면 모르는 것도 많고, 어설픈 게 참 많던 시절이지만 많은 분이 제 목소리에 귀를 기울이는 모습이 보였습니다. 결코 제가 말을 잘해서가 아니었습니다. 어설프지만 땀을 뻘뻘 흘리며 최선을 다하는 제 열정이 사람들을 집중시켰던 것 같습니다. 지금은 10년 전보다 아는 건 많아졌지만 과연 그때만큼 열정적으로 말하고 있는지 다시 한번 생각해보게 됩니다.

Q 당신은 다른 사람들에게 어떤 '전염성'을 가진 존재이고 싶나요?

맛있는 요리만 판매합니다

If you would impress an audience, be impressed yourself.

If you would impress an audience, be impressed yourself.

청중에게 깊은 인상을 주고 싶다면, 우선 당신 자신이 깊은 감명을 받으세요.

청중에게 깊은 인상을 주고 싶다면, 우선 당신 자신이 깊은 감명을 받으세요.

I was truly impressed by her passion and energy.
그녀의 열정과 에너지가 정말 인상 깊었어요.

You can't expect others to be impressed if you're not impressed first.
당신이 먼저 감동하지 않으면, 다른 사람도 감동할 수 없어요.

TV에 자주 나오는 유명 셰프가 한 말입니다. 요리뿐만 아니라 강의도 마찬가지입니다. 저는 수업 자료를 준비할 때 제가 먼저 진심으로 재미있다고 느낀 것만 고릅니다. 그런 자료들로 수업하면 제가 먼저 신나기에 학생들도 덩달아 신나서 자연스럽게 수업에 집중하거든요. 반면에 제가 재미를 못 느끼는 자료로 수업하면 저부터 집중이 안 되니 학생들도 별 반응이 없습니다. 결국 내가 먼저 감동해야 상대도 함께 감동합니다.

Q 최근에 '이건 정말 신난다!' 하고 느낀 주제는 무엇이었나요?

말할 자격

Speak about something you have earned the right to talk about through experience or study.

Speak about something you have earned the right to talk about through experience or study.

스스로 경험하거나 연구를 통해 말할 자격을 얻은 주제에 대해 말하세요.

스스로 경험하거나 연구를 통해 말할 자격을 얻은 주제에 대해 말하세요.

earn the right to ~할 자격을 얻다

I studied for years to earn the right to teach.
나는 가르칠 자격을 얻기 위해 몇 년을 공부했어.

They earned the right to play in the final match.
그들은 결승전에 뛸 자격을 얻었어.

"전화 영어 효과 있나요?" "쉐도잉이 좋다던데 어떤가요?" "미드는 자막 켜고 봐야 해요?" 항상 단골로 나오는 질문들입니다. 저도 대부분의 학생들처럼 해외파가 아닌, 국내파 학습자로 처음 영어 공부를 시작했기에 웬만한 공부법은 거의 다 해본 것 같습니다. 그래서 누구보다 자신 있게 말할 수 있고, 제가 직접 겪은 경험을 바탕으로 말하기 때문에 학생들도 대부분 신뢰하며 듣습니다. 직접 경험하고, 연구해서 얻은 답. 그게 바로 말할 자격이었습니다.

Q 지금 하고 있는 일에서 '말할 자격'을 쌓으려면 어떤 노력이 필요할까요?

스타 강사의 반전 스펙

The best way for a speaker to endear himself to an audience is to play himself down.

The best way for a speaker to endear himself to an audience is

to play himself down.

연설자가 청중의 호감을 사는 최선의 방법은 자기 자신을 낮추는 것이다.

연설자가 청중의 호감을 사는 최선의 방법은 자기 자신을 낮추는 것이다.

He played himself down during the interview.
그는 면접 중에 자기 자신을 낮췄다.

Stop playing yourself down! You did a great job!
자꾸 자신을 깎아내리지 마요! 정말 잘했어요!

세련된 외모에 명문대 출신. '완벽한 스펙'을 갖춘 스타 강사의 강연을 들은 적이 있습니다.

"제가 어디서 태어났을까요?"

대부분 '강남' 아니면 '해외파'라고 예상했지만, 대답은 뜻밖이었습니다.

"충남 금산 출신입니다!"

순간 강의장은 웃음바다가 되었고, 청중은 금세 경계심을 풀었습니다. 누구보다 화려한 이력을 가졌지만, 겸손함과 진솔함으로 청중의 마음을 여는 모습을 보며 '괜히 스타 강사가 아니구나!'라는 생각이 들었습니다.

Q 겸손이 단순한 미덕을 넘어, 리더십의 중요한 덕목이 될 수 있는 이유는 무엇일까요?

잘하려 하지 말고, 잘해주세요

Crash through your shell of self-consciousness.

Crash through your shell of self-consciousness.

자의식이라는 껍질을 확 뚫고 나오세요.

자의식이라는 껍질을 확 뚫고 나오세요.

Self-consciousness can ruin your confidence.
자의식은 자신감을 망칠 수 있어요.

He overcame his self-consciousness over time.
그는 시간이 지나며 자의식을 극복했어요.

대기업 강연 기회를 처음으로 얻었을 때입니다. 대기업 강연이니 무조건 능숙하게 잘해야 한다는 압박감이 컸습니다. 그래서 평소 믿고 따르던 선배 강사님께 조언을 구했더니 딱 한마디 하셨습니다.

"잘하려고 하지 말고, 잘해주려고 해봐."

내가 남들에게 어떻게 보일지 걱정하지 말고, 청중에게 집중하라는 말이었습니다. 다행히도 첫 대기업 강의를 무사히 마칠 수 있었습니다. 남들에게 잘 보이려는 자의식의 껍질을 깨고, 진심으로 다가가는 것이 진짜 소통의 시작이란 걸 그때 알았습니다.

Q 잘하려는 마음과 잘해주려는 마음의 차이는 무엇일까요?

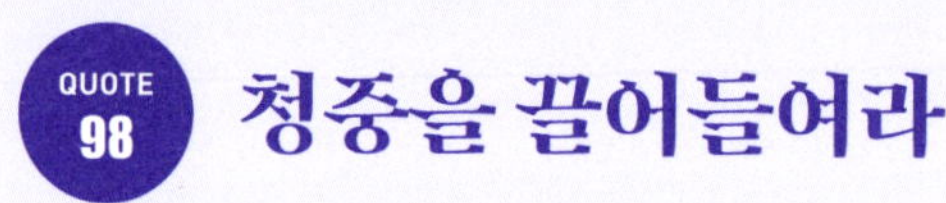

청중을 끌어들여라

Successful communication depends upon how well the speaker can make his talk a part of the listeners and the listeners a part of the talk.

Successful communication depends upon how well the

speaker can make his talk a part of the listeners and the listeners

a part of the talk.

성공적인 소통은 연사가 자신의 이야기를 얼마나 청중의 일부로 만들고, 청중을 그 이야기의 일부로 느끼게 하느냐에 달려 있습니다.

성공적인 소통은 연사가 자신의 이야기를 얼마나 청중의 일부로

만들고, 청중을 그 이야기의 일부로 느끼게 하느냐에 달려 있습니다.

His future depends upon the result of this interview.
그의 미래는 이번 면접 결과에 달려 있어요.

You shouldn't depend too much upon others.
너무 다른 사람에게 의지해서는 안 돼

"이번에 ○○시에 강연 갑니다! 혹시 이 지역에서 꼭 먹어야 할 음식 추천해주세요!"

제가 아는 한 강사님은 지방에 강연 가실 때마다 본인의 SNS에 항상 이런 글을 올리십니다.

처음엔 단순한 강의 홍보용인 줄 알았는데, 알고 보니 그게 아니었습니다. 그 지역 사람들만 아는 명소나 음식을 미리 조사해서, 강연 도입부에서 자연스럽게 그 이야기를 꺼내며 친근감을 주기 위한 전략이었습니다. 청중을 단순한 '청취자'가 아니라 '이야기의 일부'로 끌어들여서 함께 호흡하는 것. 그게 진짜 소통의 시작이었습니다.

Q 지금 당신이 준비 중인 발표나 수업에 청중을 끌어들이는 요소를 하나 넣는다면, 어떤 것을 해보고 싶나요?

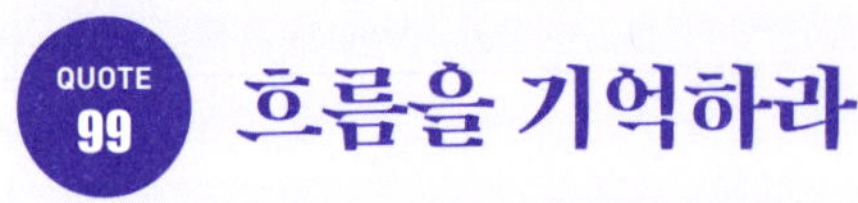

흐름을 기억하라

If we memorize our talk word for word, we will probably forget it when we face our listeners.

If we memorize our talk word for word, we will probably

forget it when we face our listeners.

연설문을 한 마디 한 마디 다 암기하면, 막상 청중 앞에서 그 내용을 잊어버릴 확률이 높습니다.

연설문을 한 마디 한 마디 다 암기하면, 막상 청중 앞에서 그 내용

을 잊어버릴 확률이 높습니다.

face ~에 직면하다, ~을 마주하다

The company is facing serious financial problems.
그 회사는 심각한 재정 문제에 직면해 있다.

You have to face unexpected questions in a real interview.
실제 인터뷰에서는 예상치 못한 질문을 마주해야 해.

초보 강사 시절, 절대로 실수해서는 안 된다는 마음에 단어 하나하나까지 철저히 외우며 강의를 준비했습니다. 그런데 가끔 긴장이 많이 될 때는 머리가 하얘지면서 외운 내용이 통째로 생각이 나지 않을 때가 있었습니다. 그런 실패를 몇 번 겪은 이후로 작전을 바꿨습니다. 통째로 완벽하게 외우는 것이 아니라 전체적인 흐름과 핵심을 이해하고 내 말투로 자연스럽게 대화하듯 전달했습니다. 그렇게 했더니 내용을 잊어버려도 크게 흔들리지 않고 유연하게 잘 대처하면서 강의를 이어 나갈 수 있게 되었습니다.

Q 내가 청중이라면, 완벽하게 외운 말을 듣는 것과 조금 부족하더라도 자연스럽게 말하는 것 중 어느 쪽이 더 마음에 와닿을까요?

본론부터

If you want to interest your listeners, don't begin with an introduction. Begin by leaping right into the heart of your story.

If you want to interest your listeners, don't begin with an introduction. Begin by leaping right into the heart of your story.

청중의 흥미를 끌고 싶다면 서론으로 시작하지 마세요. 이야기의 핵심으로 곧장 뛰어드세요.

청중의 흥미를 끌고 싶다면 서론으로 시작하지 마세요. 이야기의 핵심으로 곧장 뛰어드세요.

Don't just leap into a relationship without thinking.
생각 없이 관계에 덥석 뛰어들지 마.

After college, he leaped into the world of business.
대학 졸업 후 그는 곧바로 사업의 세계로 뛰어들었다.

유튜브 구독자가 잘 늘지 않아서 고민하고 있을 때, 한 구독자분이 댓글을 남겼습니다.

"서론이 너무 길면 보기 싫어요!"

강의 시작할 때 서론이 너무 길면 사람들이 금세 흥미를 잃고 보지 않는다는 사실을 알게 되었습니다. 그래서 다음 영상부터는 서론은 짧게 하고, 본론으로 바로 들어갔습니다. 조회수가 눈에 띄게 올라갔습니다. 청중의 흥미를 끌고 싶다면 서론 말고, 본론부터!

Q 당신은 발표할 때 보통 '긴 서론'을 두는 편인가요, 아니면 핵심부터 시작하는 편인가요?

____

____

____

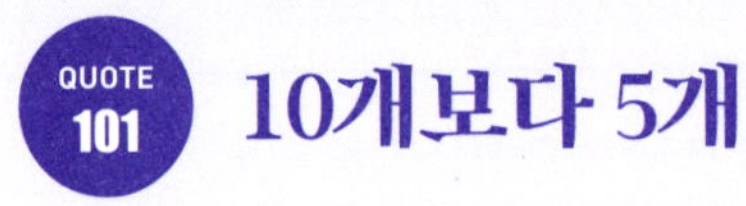

10개보다 5개

In a longer talk, up to thirty minutes, few speakers ever succeed if they try to cover more than four or five main ideas.

In a longer talk, up to thirty minutes, few speakers ever
succeed if they try to cover more than four or five main ideas.

30분짜리 연설에서도 4~5개의 핵심 아이디어를 넘어서 담아내려 하면 성공하는 연사가 거의 없습니다.

30분짜리 연설에서도 4~5개의 핵심 아이디어를 넘어서 담아내려
하면 성공하는 연사가 거의 없습니다.

The meeting can last up to two hours.
회의는 최대 두 시간까지 걸릴 수 있어요.

You can invite up to ten people to the event.
그 행사에 최대 10명까지 초대할 수 있어요.

초보 강사 시절. 핵심 메시지 10가지를 뽑아서 강의했는데 다섯 번째 포인트까지는 청중이 집중해서 잘 듣다가, 여섯 번째부터는 눈에 띄게 집중력이 떨어진다는 걸 발견했습니다. 그날 이후로 절반을 덜어 4~5개의 핵심 포인트만 담아서 강의했더니, 집중도가 훨씬 높아졌습니다. 무조건 많이 말한다고 좋은 게 아니라, 꼭 필요한 메시지를 명확하고 간결하게 전달하는 게 훨씬 더 효과적이었습니다.

Q 많은 아이디어를 전달하는 것과 적은 아이디어를 깊이 있게 전달하는 것 중 어느 쪽이 더 효과적이라고 생각하나요?

마음을 담으세요

Put your heart into your speaking.

Put your heart into your speaking.

말하는 데에 당신의 마음을 담아주세요.

말하는 데에 당신의 마음을 담아주세요.

put one's heart into ~에 온 마음을 다하다, 진심을 담다

I put my heart into the project.
저는 그 프로젝트에 온 마음을 다했어요.

If you put your heart into your work, success will follow.
당신이 일에 진심을 다하면, 성공은 따라올 거예요.

일본군 위안부 피해자 할머니가 미국 의회에서 직접 영어로 그 당시 상황에 대해 증언하기 위해, 고령의 나이에도 불구하고 영어 공부를 하는 과정을 담은 영화를 봤습니다. 비록 전형적인 한국식 발음이었지만 한마디 한마디에 할머니의 진심이 고스란히 담겨 있어서 발음 따위는 전혀 신경 쓰이지 않았습니다. 유창하고 능숙하게 말하는 것보다, 진심 어린 마음을 담는 것이 얼마나 중요한지 다시 한번 깨닫게 해준 영화였습니다.

Q 내가 앞으로 꼭 마음을 담아 전하고 싶은 말은 무엇인가요?

____

____

____

____

QUOTE 103 못 먹어도 고!

You must persist.

You must persist.

당신은 반드시 계속 밀고 나가야 합니다.

당신은 반드시 계속 밀고 나가야 합니다.

persist (어려움이나 반대에도 불구하고) 계속하다, 지속하다

She persisted despite repeated failures.
반복된 실패에도 불구하고 그녀는 포기하지 않았다.

He persisted with his plan, even under pressure.
압박 속에서도 그는 자신의 계획을 끝까지 밀고 나갔다.

영어를 가르친 지도 어느덧 20여 년이 흘렀습니다. 돌이켜보면, 그 시간 동안 한 우물만 판다는 것이 결코 쉽지는 않았습니다. 비전공, 비유학이라는 핸디캡 때문에 남들보다 두 배는 더 노력해야 했습니다. 온라인 교육의 확산으로 몸담고 있던 어학원이 폐업했을 때도 이 일을 놓지 않았고, 코로나로 또 한 번 큰 위기를 맞았을 때도 분명히 길은 있을 거라 믿으며 여기저기 뛰어다녔습니다. 그렇게 지금까지, 여전히 영어 강사로 살아가고 있습니다. 앞길을 가로막는 예상치 못한 시련과 압박은 계속 찾아옵니다. 그럼에도 불구하고, 우리는 밀고 나가야 합니다.

You must persist.

Q 그리고 이제, 마지막으로 당신에게 묻고 싶습니다. 당신은 지금, 무엇을 끝까지 밀고 나가고 있나요?

일상을 단단하게 만드는
데일 카네기 필사

1판 1쇄 펴낸날 2026년 3월 20일

지은이 김동곤(액팅글리시)

펴낸이 나성원
펴낸곳 나비의활주로

책임편집 박선주
디자인 BIG WAVE

전자우편 butterflyrun@naver.com
출판등록 제2010-000138호
상표등록 제40-1362154호
ISBN 979-11-24401-03-3 03320